昭和レトロ モノ語りクイズ

懐かしい!が
クイズ&
間違い探しに

東京新聞

昭和レトロ モノ語りクイズ

目次

生活・家庭

01 シャンプーハット……5
02 亀の子束子……7
03 二槽式洗濯機……9
04 ヤマト糊……11
05 ミツワローズ石鹸……13
06 燕印のマッチ……15
07 キンカン……17
08 カネヨクレンザー……19
09 ごきぶりホイホイ……21
10 ママレモン……23
11 ケロリン桶……25
12 禁煙パイポ……27
13 赤チン……29
14 かつお節削り……31
15 写ルンです……33

遊び・おもちゃ

16 エポック社野球盤……35
17 スペースインベーダー……37
18 電子ブロック……39
19 ガチャガチャ……41
20 ダイヤモンドゲーム……43
21 フラフープ……45
22 ルービックキューブ……47
23 プロマイド……49
24 なめ猫……51
25 人生ゲーム……53

食品・飲料

26 マルシンハンバーグ……55
27 リボンシトロン……57
28 ノザキのコンビーフ……59
29 神州一味噌……61
30 チェリオ……63
31 クリープ……65

32 ボンカレー……67
33 マミー……69
34 赤玉ワイン……71
35 あさげ……73

お菓子

36 ナボナ……75
37 サクマ式ドロップス……77
38 ライオネスコーヒーキャンディー……79
39 パラソルチョコレート……81
40 いちごみるく……83
41 プロ野球チップス……85
42 グリコ（栄養菓子）……87
43 梅ジャム……89

44 バタークリームのケーキ……91
45 チョコボール……93
46 サイコロキャラメル……95

学校・会社

47 アーム筆入……97
48 教育おりがみ……99
49 通勤快足……101
50 トモエのそろばん……103
51 ジャポニカ学習帳……105
52 シャーボ……107
53 MONO消しゴム……109
54 三菱鉛筆ユニ……111
55 サクラクレパス……113

美容・健康・ファッション

56 ロゼット洗顔パスタ……115
57 バイタリス……117
58 ソックタッチ……119
59 ヴァンヂャケット……121
60 ヘチマコロン……123

◆本書の遊び方……4
◆コラム……125

昭和レトロ　モノ語りクイズ

本書の遊び方

クイズ　設問ページ

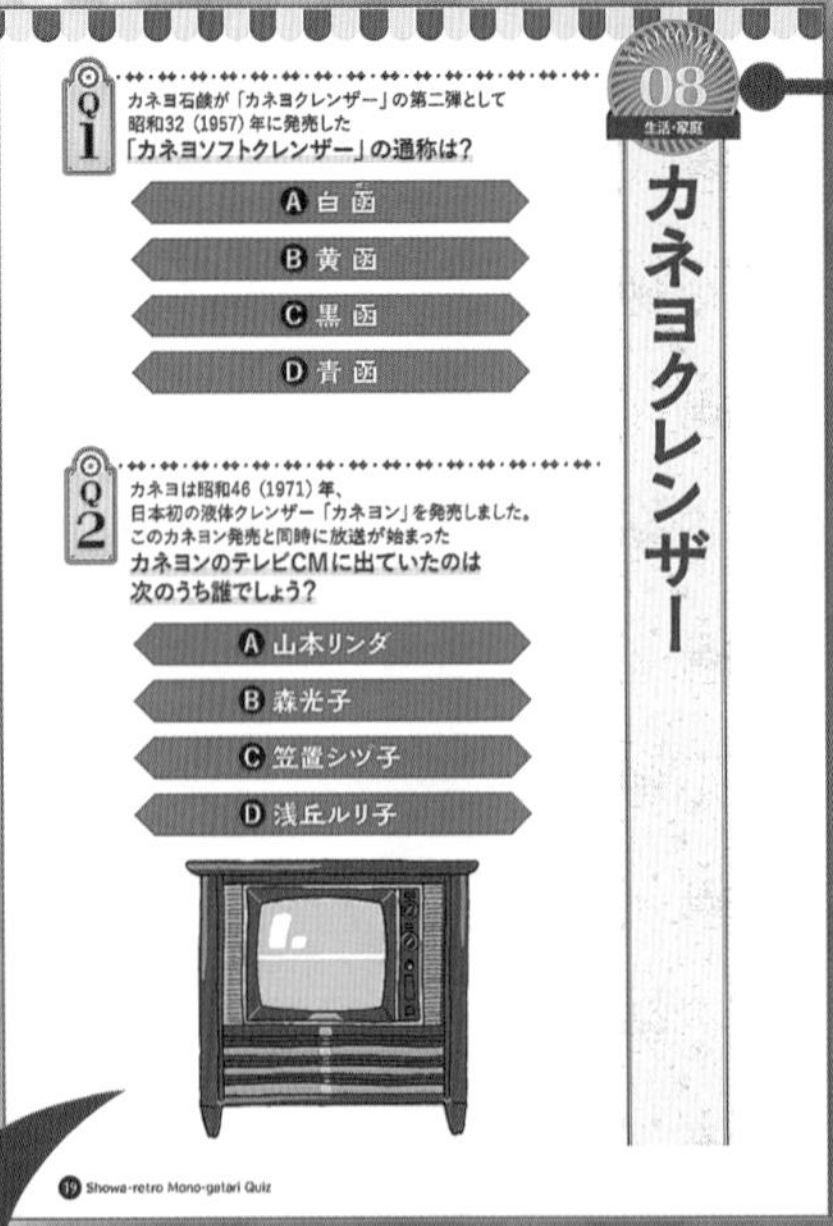

08
生活・家庭
カネヨクレンザー

Q1
カネヨ石鹸が「カネヨクレンザー」の第二弾として
昭和32（1957）年に発売した
「カネヨソフトクレンザー」の通称は？

Ⓐ 白函
Ⓑ 黄函
Ⓒ 黒函
Ⓓ 青函

Q2
カネヨは昭和46（1971）年、
日本初の液体クレンザー「カネヨン」を発売しました。
このカネヨン発売と同時に放送が始まった
カネヨンのテレビCMに出ていたのは
次のうち誰でしょう？

Ⓐ 山本リンダ
Ⓑ 森光子
Ⓒ 笠置シヅ子
Ⓓ 浅丘ルリ子

Showa-retro Mono-gatari Quiz

間違い探し　設問ページ

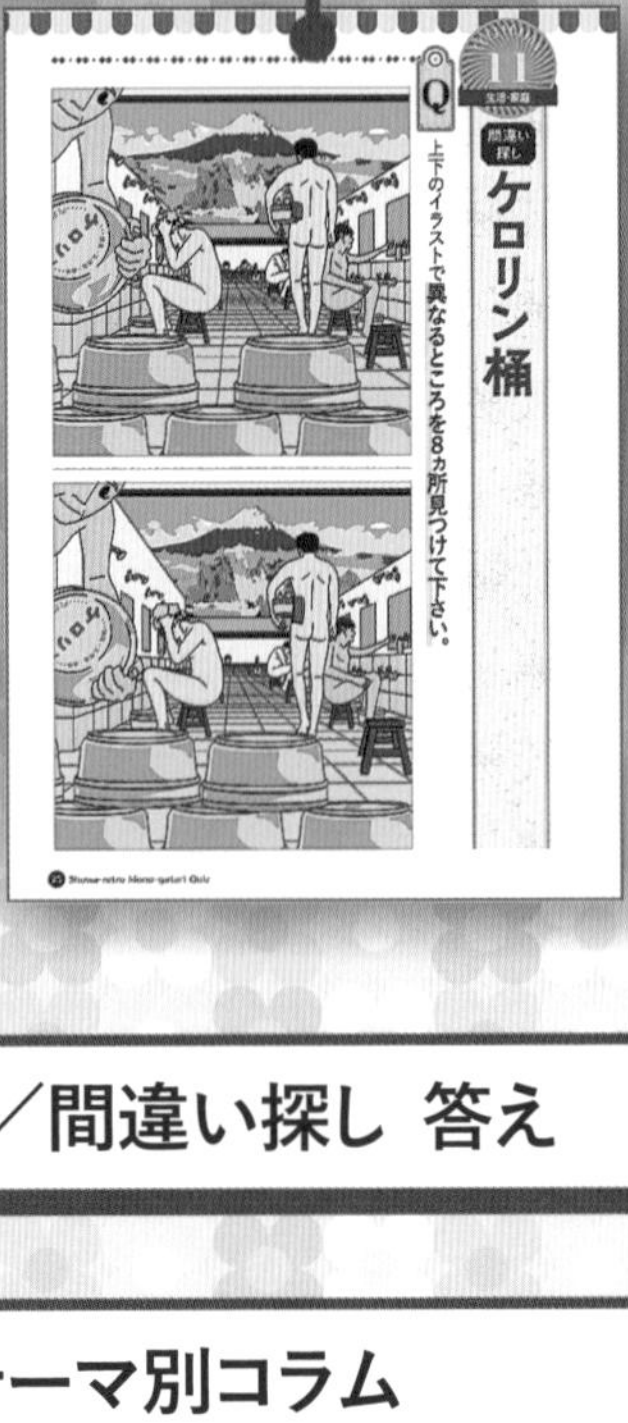

11
生活・家庭
間違い探し
ケロリン桶

Q
上下のイラストで異なるところを8カ所見つけて下さい。

Showa-retro Mono-gatari Quiz

クイズ／間違い探し　答え

テーマ別コラム

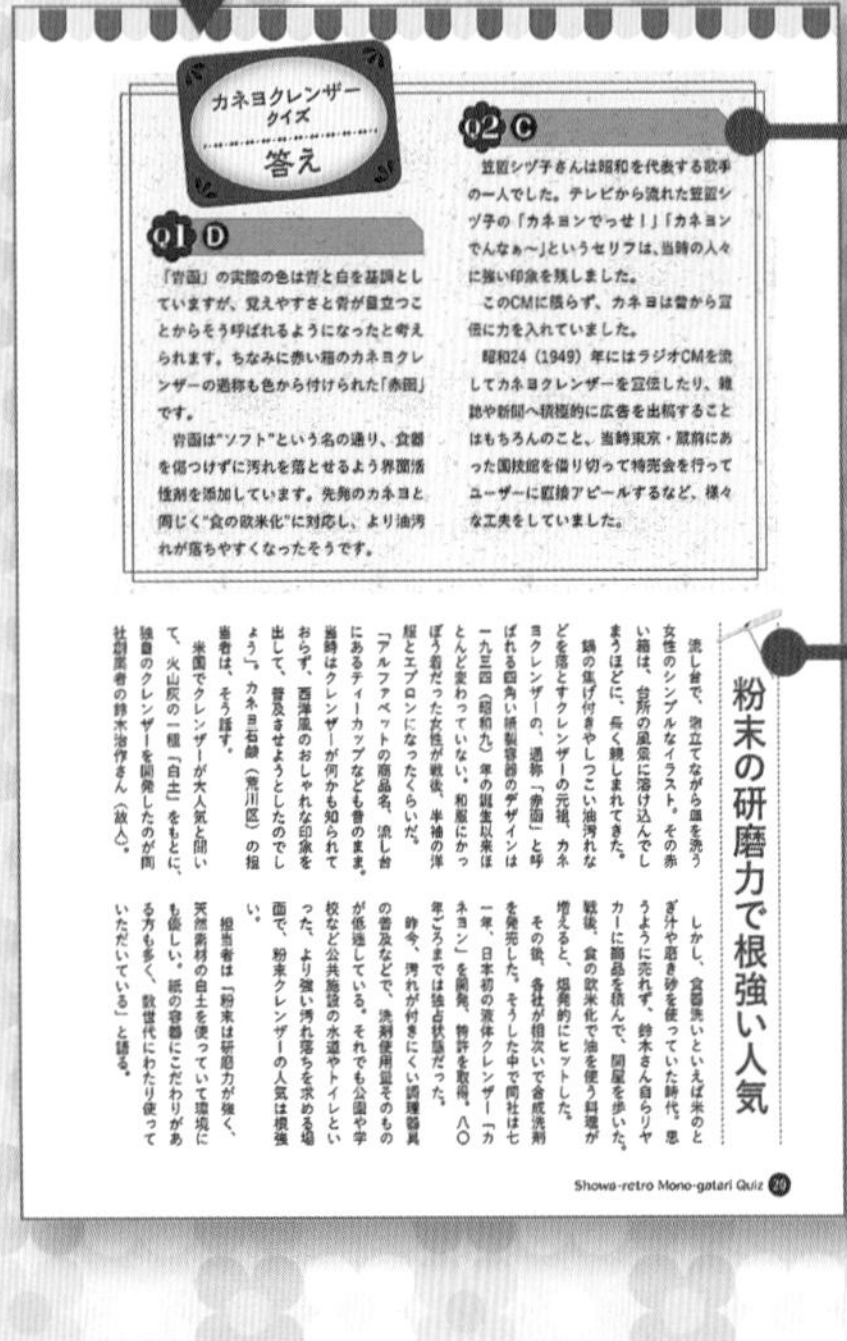

カネヨクレンザー
クイズ
答え

Q1 Ⓓ

「青函」の実際の色は青と白を基調としていますが、覚えやすさと青が目立つことからそう呼ばれるようになったと考えられます。ちなみに赤い箱のカネヨクレンザーの通称も色から付けられた「赤函」です。

青函は"ソフト"という名の通り、食器を傷つけずに汚れを落とせるよう界面活性剤を添加しています。先発のカネヨと同じく"食の欧米化"に対応し、より油汚れが落ちやすくなったそうです。

Q2 Ⓒ

笠置シヅ子さんは昭和を代表する歌手の一人でした。テレビから流れた笠置シヅ子の「カネヨンでっせ！」「カネヨンでんなぁ～」というセリフは、当時の人々に強い印象を残しました。

このCMに限らず、カネヨは昔から宣伝に力を入れていました。

昭和24（1949）年にはラジオCMを流してカネヨクレンザーを宣伝したり、雑誌や新聞へ積極的に広告を出稿することはもちろんのこと、当時東京・蔵前にあった国技館を借り切って特売会を行ってユーザーに直接アピールするなど、様々な工夫をしていました。

粉末の研磨力で根強い人気

流し台で、泡立てながら皿を洗う女性のシンプルなイラスト。その赤い箱は、台所の風景に溶け込んでしまうほどに、長く親しまれてきた。

鍋の焦げ付きやしつこい油汚れなどを落とすクレンザーの元祖、カネヨクレンザーの、通称「赤函」と呼ばれる四角い紙製容器のデザインは一九三四（昭和九）年の誕生以来ほとんど変わっていない。和服にかっぽう着だった女性が戦後、半袖の洋服とエプロンになったくらいだ。

「アルファベットの商品名、流し台にあるティーカップなども昔のまま。当時はクレンザーが何かも知られておらず、西洋風のおしゃれな印象を出して、普及させようとしたのでしょう」。カネヨ石鹸（荒川区）の担当者は、そう話す。

米国でクレンザーが大人気と聞いて、火山灰の一種「白土」をもとに、独自のクレンザーを開発したのが同社創業者の鈴木治作さん（故人）。

しかし、食器洗いといえば米のとぎ汁や磨き砂を使っていた時代。思うように売れず、鈴木さん自らリヤカーに商品を積んで、問屋を歩いた。戦後、食の欧米化で油を使う料理が増えると、爆発的にヒットした。

その後、各社が相次いで合成洗剤を発売した。そうした中で同社は七一年、日本初の液体クレンザー「カネヨン」を開発、特許を取得。八〇年ごろまでは独占状態だった。

昨今、汚れが付きにくい調理器具の普及などで、洗剤使用量そのものが低迷している。それでも公園や学校など公共施設の水道やトイレといった、より強い汚れ落ちを求める場面で、粉末クレンザーの人気は根強い。

担当者は「粉末は研磨力が強く、天然素材の白土を使っていて環境にも優しい。紙の容器にこだわりがある方も多く、数世代にわたり使っていただいている」と話す。

Showa-retro Mono-gatari Quiz 20

昭和の〝懐かしいモノたち〟をテーマにしたクイズや間違い探しと、そのテーマのエピソードなどを盛り込んだコラムをご用意しました。
あの頃へと一人想いを馳せたり、ご友人と語り合ったりしていただければ幸いです。

COLLECTION 01

生活・家庭

間違い探し

シャンプーハット

Q

上下のイラストで異なるところを8ヵ所見つけて下さい。

シャンプーハット
間違い探し
答え

トタン屋根ヒント　商品に

　少子化がまだ叫ばれていなかった昭和時代、夜になると風呂場ではしゃぐ子どもたちの笑い声が、東京でもあちこちから聞こえてきた。彼らが親に髪の毛を洗ってもらう時は、シャンプーハットを使うものと相場は決まっていた。

　シャンプーハットは一九六九（昭和四十四）年に現在のピップ（本社・大阪市）の前身、藤本から発売された。医療用品などの卸販売を行っていた同社が、独自に開発した商品第二弾だった。きっかけは、開発担当者が、風呂でシャンプーや湯が顔にかかるのをいやがる自分の子どもたちを見たこと。「洗髪を楽しんでもらうには」と考えた末に思いついたのは、帽子の「つば」のみを頭にかぶる形状だった。

　さらにトタン屋根にヒントを得て、波状にすることで、つばがたわんで湯がたまらないようにした。ほかにも破れにくく適度な軟らかさを持ったビニールの素材を見つけ出すなど、随所に工夫を凝らし、約二年後に商品化した。

　当初の売れ行きは良くなかった。商品から使っている姿が想像しにくいのが原因だった。風向きが変わったのは、子どもたちが風呂場で使っているテレビCMを流してから。評判を呼び、七一年には年間で約百二十万枚の売り上げを記録した。担当者は「アパート各戸のベランダに、ずらりとシャンプーハットが干されていたそうです」と当時のエピソードを語る。

　競合品が多数出現したが、波の形状などに細かな改良を加えつつ、圧倒的なシェアを守ってきた。当初は小学校低学年をターゲットにしていたが、現在はより洗髪に気配りが必要な一～二歳児に使われることがほとんど。親しみやすいテレビ番組のキャラクターをあしらい、根強い人気を保っている。

COLLECTION 02

生活・家庭

亀の子束子《たわし》

Q1

亀の子束子は、
日本の三大発明の
一つといわれています。
三大発明のうちもう一つは
「二股ソケット」です。
**では、あと一つは
何でしょうか？**

Q2

亀のような形をしていることから名づけられた
「亀の子束子」ですが、食べ物として知られる
ある植物が原材料です。それは何でしょうか？
次の選択肢の中から一つ選んでください。

Ⓐ へちま

Ⓑ メロン

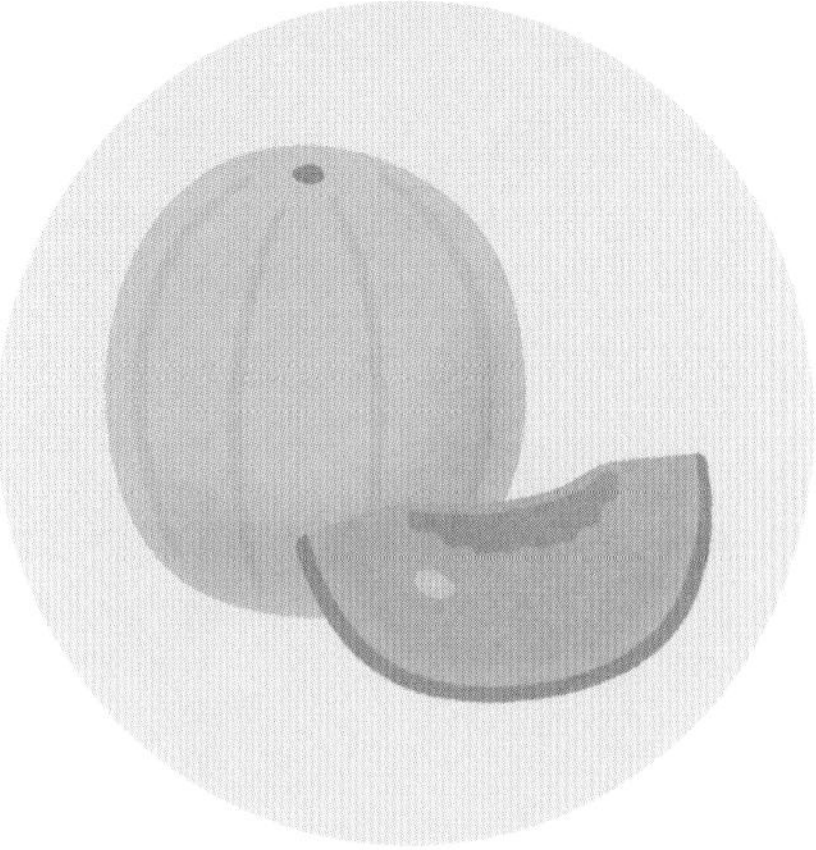

Ⓒ ココナッツ

Ⓓ カカオ

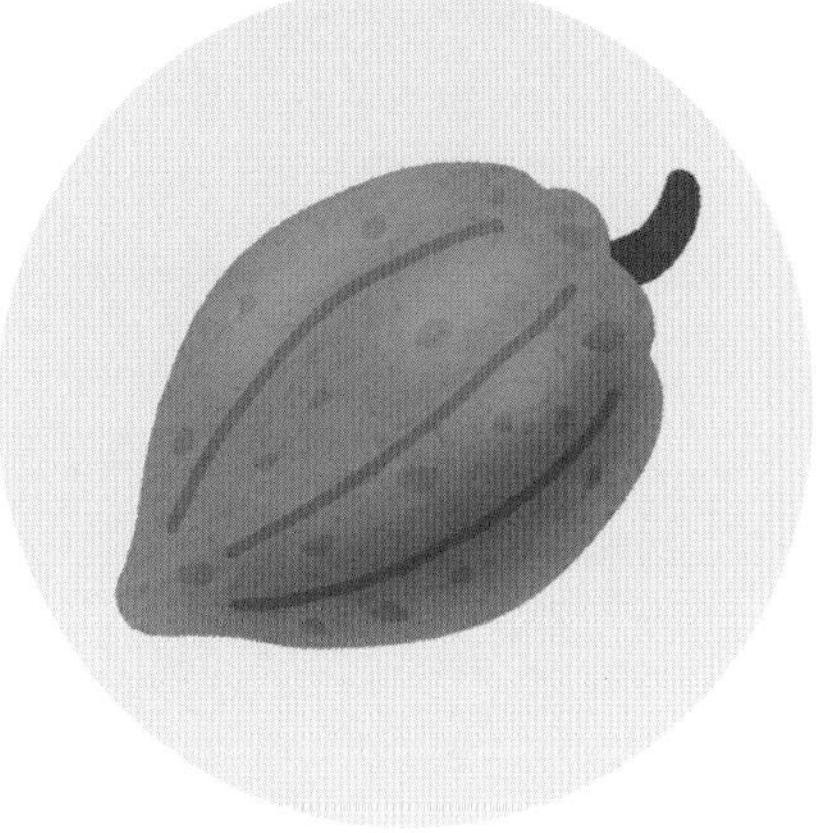

亀の子束子クイズ 答え

Q1 ゴム足袋《たび》（地下《じか》足袋）

二股ソケットは電灯用ソケットを二つに分岐させることで、電灯と電化製品を同時に使うことができるようにしたものです。大正時代の一般家庭には、電気の供給口が一つしかなかったので、非常に画期的な商品でした。

ゴム足袋は、足裏にゴムを貼り付けた足袋で、農作業や建設現場などで使われています。「直《じか》に」地面を歩くことができるため、「地下足袋」ともいわれています。

Q2 C

明治時代から続くロングセラー商品亀の子束子は、ココナッツの繊維であるパームからできています。パームでできた束子は、適度な硬さを持っているため、繊維の先端で汚れを掻き出したり、こすり取ったりする洗浄方法に優れています。

その他にも、強度と柔軟性を併せ持ち、繊維のコシで汚れを払い飛ばす洗浄が得意な棕櫚《しゅろ》でできた束子や、やわらかい繊維の集合体全体で汚れを落とす洗浄が得意なサイザル麻でできた束子が販売されています。

選択肢Ⓐのへちまも、繊維だけを取り出して、たわしとして利用されており、主に体を洗うために使われています。

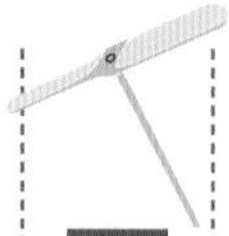

天然素材にこだわる

亀の子束子が誕生したのは、一九〇七（明治四十）年のこと。開発したのは、後に亀の子束子西尾商店（北区）の初代社長となる西尾正左衛門。きっかけは、シュロの棒を折り曲げて障子を掃除する妻の姿だった。シュロを使った靴ふきマットを考案したが、思うように売れず悩んでいた正左衛門は、妻の姿を見て針金で巻いたシュロの棒を「たわし」に転用することを決意。手のひらに収まる形に丸めて売り出した。

池で泳ぐ亀に似ていたことから「亀の子」と名付け、たわしは漢学者に相談して「束子」の漢字をあてた。それまでのたわしは棒状だっただけに、当初は奇異の目で見られた。だが、針金と帯縄で繊維が密度高くまとめられた製品の使いよさは、ほどなく主婦らの支持を得た。

昭和に入っても、農機具やタイヤの洗浄など広い用途に使われながら人気は続いた。だが各分野で機械化が進むとともに、需要は減少。台所では、スポンジたわしなど人工素材の製品が台頭してきた。それでも天然素材と、昔ながらの製法にこだわり続けた。「開発者である初代の意志を守るという意地もありました」と、その孫の西尾松二郎四代目社長（二〇一〇年取材時）は話す。

誕生から百年以上がたち、環境への関心の高まりに呼応して、再び脚光を浴びる。木や鉄の肌についた汚れをしっかり落とせる洗浄力や、耐久性も見直された。数代にわたり使う愛用者も多い。感謝の手紙が米国やオランダなど世界中から届く。

パーム（ココナッツ繊維）製の「亀の子束子」が主力だが、関連商品も販売する。中でも浴用の「健康たわし」シリーズは、適度な刺激が健康や美肌にもいいと人気だ。「私も毎日使っています」と言う広報部の担当者の手は、たわしに磨き抜かれてすべすべに輝いていた。

COLLECTION 03
生活・家庭

二槽式洗濯機

Q1

昭和の生活を変えた「三種の神器」と呼ばれた家電製品。
洗濯機、冷蔵庫、あと一つは何でしょう？

A 掃除機

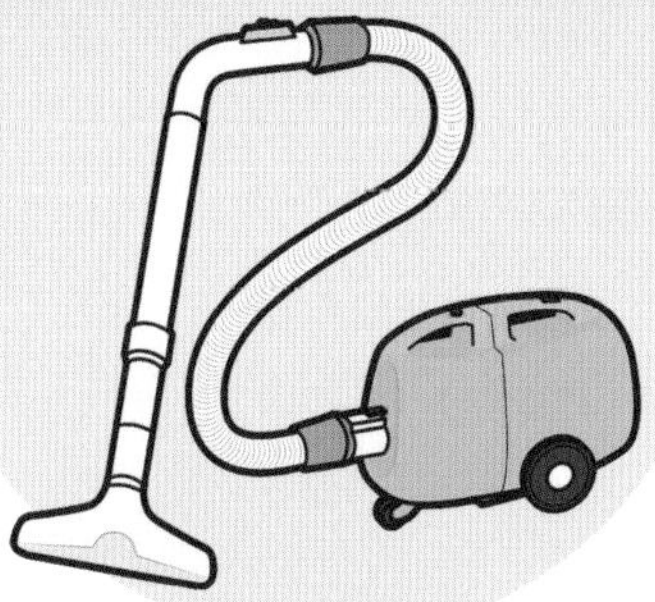

B アイロン

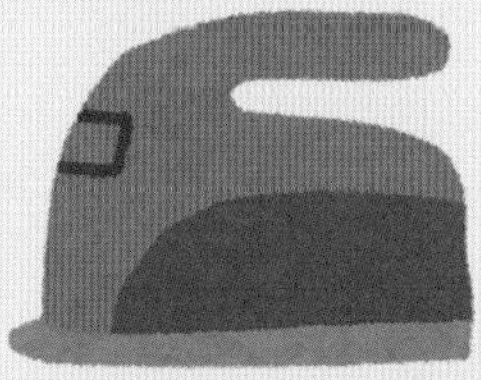

C クーラー

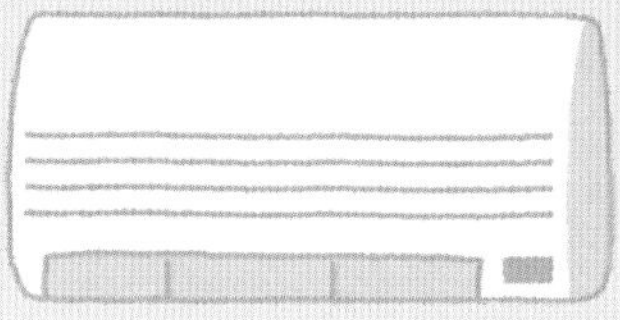

D テレビ

Q2

二槽式洗濯機のメリットとして
当てはまらないものはどれでしょう？

A 作動音

B 洗浄能力

C 洗濯物の乾燥時間

D 掃除がラク

E 洗える量が多い

二槽式洗濯機 クイズ 答え

Q1 D

1950年代に登場した冷蔵庫、洗濯機、白黒テレビは人々の生活を大きく変えた電化製品で、「三種の神器」と呼ばれています。これらは豊かな生活の象徴として、人々の憧れの対象となりました。

1960年代の高度成長期には、カラーテレビ、クーラー、自動車が「新・三種の神器」として登場し、電化製品が当たり前のように家にある時代になりました。

この「新・三種の神器」は英語の頭文字から「3C」とも呼ばれています。

Q2 A

二槽式洗濯機は、脱水中に中の洗濯物が偏って音がすることがあります。特に脱水時は内蓋がしっかり閉まっていないと、大きな音を立てます。その場合は重いものを下に入れるなどして中の片寄りを直すことで解決できます。

二槽式洗濯機は昭和レトロなイメージがありますが、根強い人気があり、おしゃれなデザインで今も新製品が発売されています。

二層であることで、強い洗浄能力で汚れを落とせ、脱水能力も高いので干す時間が短縮できます。また、選択と脱水が同時にできるので、大量の洗濯ができることも人気の理由の一つです。

年配層に人気根強く

幼いころ、母親の洗濯仕事を眺めていた記憶がある。洗濯槽で衣類が回る横で、脱水槽から取り出された洗濯済みの衣類が物干し竿に掛けられていく様子は、見ているだけで楽しかった。

昭和三十年代初頭から、洗濯機は、テレビ、冷蔵庫と並んで「三種の神器」といわれ、国内の家庭に普及し始めた。当初は洗濯のみのタイプが主流だったが、同年代後半から脱水槽が付いた「二槽式洗濯機」がメーカー各社から登場、出荷量も急速に増えた。

日立のロングセラーシリーズ「青空」が登場したのは一九六八（昭和四十三）年。現在も日立グローバルライフソリューションズ（本社・港区）が販売を続けている。

日立は、青空を発売する五年前、ペアという二槽式洗濯機を発売し、脱水力の高さで評価を得ていた。青空は、ライバル各社の製品としのぎを削る中で、さらに容量を増やし、デザインもリニューアルして発売したモデルだった。脱水性能の高さを、晴天のもとで洗濯ものがからりと乾くイメージの名称で表した。

その後も青空は同社の洗濯機の主力製品として長く君臨した。八九年前後を境に、ワンタッチで脱水まで行う全自動洗濯機にその座を譲ったが、製造は継続する。

実際、洗濯と脱水が並行して行える効率の良さや、細かな洗い分けができるところに年配層を中心に根強い人気が集まり、売り上げは安定している。丈夫さも特長で「長い間使えた」という礼状も送られてくる。

発売時から、回転する羽根などにさまざまな改良を加えてきた。七三年から一貫して青空の設計に携わってきたベテランの担当技師は「ひとつひとつ課題を解決して、ここまで残ることができました」と、穏やかに笑う。

COLLECTION 04

生活・家庭

ヤマト糊《のり》

Q1

この中で実在しない「ヤマト糊」の色はどれでしょう。

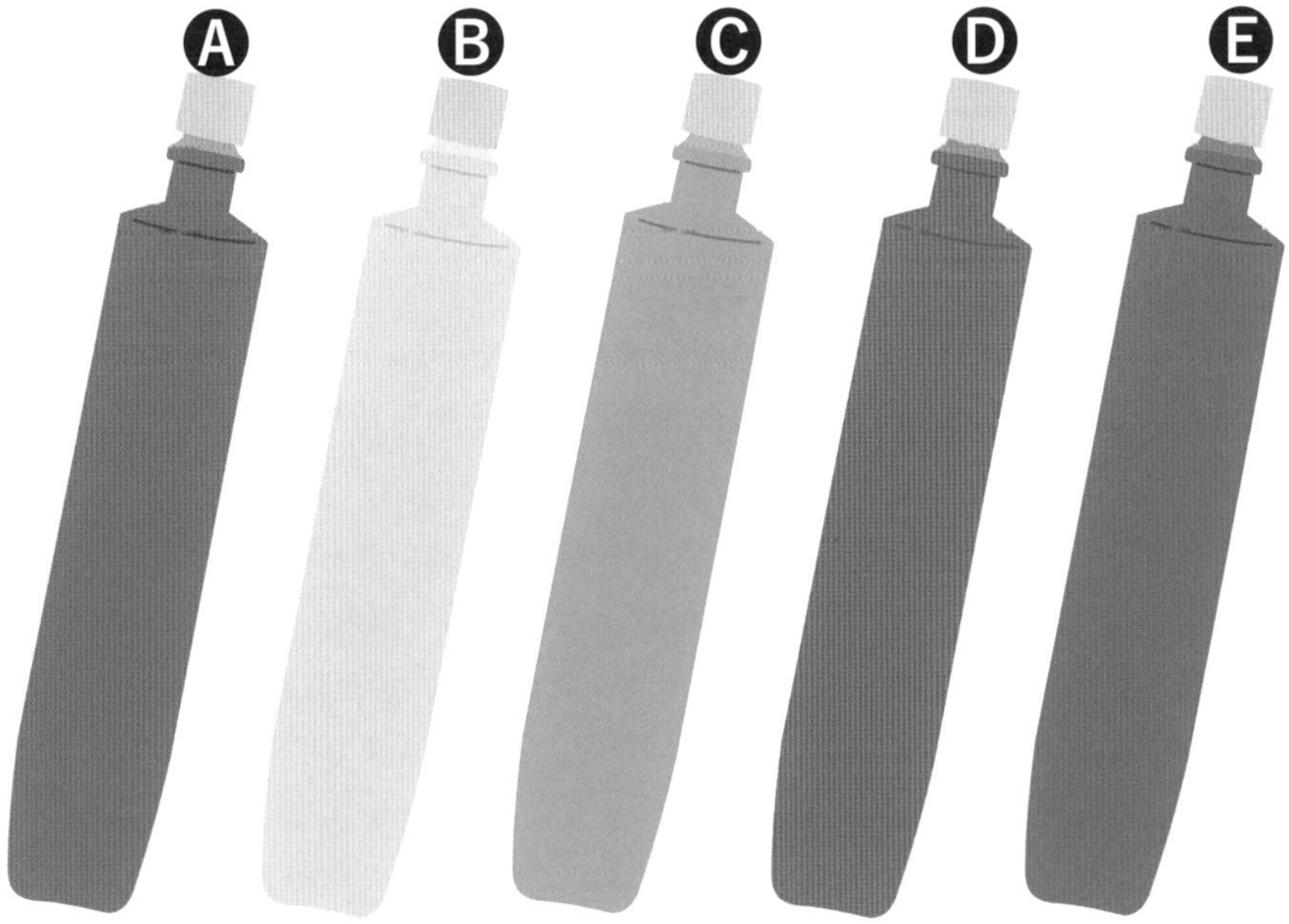

Q2

液状のり「アラビックヤマト」の名は、
明治末期に輸入された「アラビアのり」に由来します。
「アラビアのり」に関して正しいものはどちらでしょう?

A 開発者・アラビア氏の名前

B 原材料がアラビア半島を経由して輸入されていたから

ヤマト糊クイズ 答え

Q1 A

チューブタイプのヤマト糊は、緑、黄、青、ピンクの四色で商品展開をしています。

ヤマト糊は発売当時、ガラスの容器に入って販売されていました。昭和30年代までガラスの容器が使われていましたが、重くて割れやすいという欠点がありました。そこで軽くて割れにくい素材、プラスチックに目をつけ、手を汚さずに使えるチューブ型ののりを昭和27(1952)年発売しました。

Q2 B

アラビアのりとは、植物性の粘液を固めたアラビアゴムを使った液状のりの総称です。塗口に海綿が使用された小型の瓶に入っていて、逆さにしてしみ出したのりを紙に押し付けて塗ることができました。

このアラビアのりの手を汚さず塗れる使い勝手の良さに着目し、新たなスポンジキャップを開発して、昭和30年代ごろから普及した合成のりを組み合わせ、滑らかな塗り心地の優れた事務用のり「アラビックヤマト」が完成しました。

サンプリングが功を奏し、今やオフィスの必需品に。発売から約50年たつ今も人気は変わりません。

指で塗る 知育にも役立つ

小学生のころ、ヤマト糊は図工や理科の時間に大活躍してくれた。ムニュッとした感触が楽しくて、必要以上の量を指で塗っていた。

ヤマト糊の原型ができたのは一八九九（明治三十二）年。当時、のりは米を煮て作る生もので、保存がきかなかった。

東京で炭や薪を売っていた木内弥吉は、炭を小分けする袋を閉じるために使うのりがすぐに腐り、困っていた。木内はのりが腐るのを防ぐため、当時の識者から学んで防腐剤を使用したのりを完成させ、日本で初めて、瓶入りの保存がきくのりを販売。「大当たりしますように」との願いを込めて、瓶には矢が的を射るマークをあしらい、商品名も「ヤマト（矢的）糊」とした。

保存がきいて、持ち運びに便利な「ヤマト糊」は好評を博し、売り上げを伸ばした。戦時中は国の規制で、でんぷんを含む穀物をのりの原料として使えなくなった。そこで、ヒガンバナの球根などからでんぷんを抽出。これまでの加熱する製法から化学的処理を行う冷糊法を発案。一九五〇年、製法特許を取得した。現在も同じ冷糊法で作っている。

五六年に現在の形に近いチューブ型容器で発売。ブルーのボトルに黄色のキャップで発売されたのは五八年。

幼い子どもたちには、のりを手で触って、塗ることが知育にも役立つともいわれ、現在も保育園や小学校などで愛用されている。誤って口に入れても安心できるよう、原料は八三年からタピオカのでんぷんを使用。小麦などからも作ることはできるが、小麦アレルギーを持つ子どもたちに配慮した。

現在のオフィスでは液状のりやスティックのりが主流だが、たまには指でのりを塗って、童心に帰ってみては？

COLLECTION 05

生活・家庭

ミツワローズ石鹸

Q1

「ミツワローズ石鹸」は、昭和50（1975）年まで
旧ミツワ石鹸が販売していたある商品の復刻版として、
2008年から2014年まで販売されていた石鹸の名称です。
それでは、**旧ミツワ石鹸が販売していた当時の製品名は何でしょうか？**
次の選択肢の中から一つ選んでください。

- **A ミツワ特製石鹸**
- **B ミツワ製特級石鹸**
- **C ミツワ製天然石鹸**
- **D ミツワ特製一番石鹸**

Q2

昭和のころ、洗面器に入れた小さな石鹸が
立てるカタカタという音を聞きながら、
銭湯に行った記憶がある人も多いのではないでしょうか？
家にお風呂のない人が多かった時代、
銭湯は庶民の大切な生活の一部でした。
それでは、**全国の銭湯の数が戦後最も多かったのは**いつでしょう？

- **A 昭和40（1965）年**
- **B 昭和43（1968）年**
- **C 昭和46（1971）年**
- **D 昭和50（1975）年**

ミツワローズ石鹸クイズ 答え

Q1 D

ミツワローズ石鹸は、「ミツワ特製一番石鹸」（ミツワナンバーワン）の復刻版として、平成20（2008）年に発売されました。発売元は、同年に玉の肌石鹸が全額出資で設立した「ミツワ石鹸株式会社」でした。

公正競争規約の改正前は「特製」「一番」の名称が使用できなかったことと、従来の製法に加えて薔薇のフレグランスを配合していたことから「ミツワローズ石鹸」と名付けられました。

Q2 B

銭湯の数は昭和43（1968）年に1万7999軒となりピークに達した後、その後減少し続けました。2022年には、1865軒とピーク時の10分の1まで減少しました。

石鹸を巡る風景は他にもたくさんありました。小中学校では、みかんネットに入れた石鹸が手洗い場の蛇口にぶら下がっていました。手を洗った後、親指と人差し指で作った丸い形の中に薄い石鹸の泡の膜を作っては、弱い息でふ〜っと吹いてシャボン玉を作ろうとした…なんてこともありましたよね。お歳暮でも石鹸が贈られることをよく目にしました。

そんな景色もいつの間にかどこかへ消えて、私たちの記憶の中にだけあります。

古くて新しい『香り』復活

幼少時、家の押し入れには、くすんだ色合いの生活雑貨の中でひときわ際立つ、鮮やかな水色と白の箱があった。中の石鹸を顔に近づけると、いい香りがした。これを使わせてくれと母親にねだった記憶がうっすらと残っている。

思い出のミツワ石鹸。石鹸三大メーカーの一角を占めていたが、一九七五（昭和五十）年に倒産。生産のピークは昭和三十年代だった。しかし、製品の一部を、請負生産していた玉の肌石鹸（本社・墨田区）が、子会社として二〇〇八年に復活させ、往時をほうふつさせる製品を二〇一四（平成二十六）年まで送り出していた。

玉の肌石鹸は、一九一〇（明治四十三）年にミツワブランドの石鹸が世に出た時から、発売元と製造元として深く長い付き合いがあった。そこの高品質な石鹸が消えたことを惜しむ当時の社長、三木晴雄さんの思いが、復活の原動力となった。他社に渡っていた商標名とマークの権利を買い取り、復刻品「ローズ石鹸」を作った。苦労したのは旧製品の持つ「エレガントさ」の再現。独特の香りには特にこだわり、旧ミツワ石鹸の社員に、記憶を頼りに、いくつもの香料をかいでもらったりした。

薬事法の関係などで当時の製法を完全に再現するわけにはいかなかったが「かなり近い香りになった。実際に石鹸箱を手に取り『昔のにおいだ』と、買っていかれる方が多い」と担当者が言う品質で復活させた。

食用油脂を原料に、職人が釜で炊き上げる昔の製法を踏襲。現在主流の製法なら数時間でできるところを四日間もかけ、滑らかさや保湿性の高さを生み出す。そんな古くて新しい石鹸。残念ながらブランドは消滅してしまったが、進取の気質にあふれた思いは、現在の玉の肌石鹸の製品にも脈々と引き継がれている。

COLLECTION 06

生活・家庭

間違い探し

燕印のマッチ

Q

上下のイラストで異なるところを8カ所見つけて下さい。

燕印のマッチ
間違い探し
答え

伝統の商標『エコ』で復権

戦後、マッチの生産量がピークだったのは昭和四十年代後半。当時の家庭にはマッチが欠かさずあった。中でも東京をはじめとする都市部においては、箱に鳥が飛んでいるデザインが描かれているマッチがメジャーだった。

長らくマッチの製造販売を行ってきた兼松日産農林（千代田区）の山田章さん（二〇〇九年取材時）は、かつて市場調査の一環でマッチの商標の分布を調べた。すると、鳥があしらわれた「燕印」と呼ばれる銘柄は、東京や神奈川・埼玉、大阪や兵庫など都市部で多く売られていた。このほか同社のマッチでは、「桃印」が東西問わず各地にあり、東北地方では「馬印」、長野県などでは「象印」が目立った。

「昔から銘柄には地域性があったようです」

東京の「燕印」は、日本のマッチの元祖とも言える。同社の前身が商標登録したのは一八九一（明治二十四）年。現存の銘柄で最も古い。

使い捨てライターの普及とともに減り始めた消費量は、分煙の浸透もあり、落ち込みも激しい。一方で、根強い需要もある。それを支える一つが神仏関連。ろうそくやお線香にはマッチ、が日本の作法だ。ガスの臭いがつかないから、と料理人、歯科技工士など、火を使う仕事でマッチを愛用する人も多い。

二〇一七年に兼松日産農林は、マッチ関連の事業から撤退、現在は日東社（兵庫県姫路市）に事業譲渡され、販売が継続されており、根強い人気を保っている。

もともとマッチは「エコ」な商品だ。原料は雑木、薬品は口に入れても無害、箱は再生紙を使用。あらゆる分野で環境保護が最優先に求められる現代に、文字通りマッチしている。百三十年以上続く商標は、だてではないようだ。

COLLECTION 07

生活・家庭

キンカン

Q1

大正時代に万能薬を目指して開発された塗り薬がキンカンです。

そのため、効能は多岐に渡っています。

さて、キンカンの現在の効能効果にないものは何でしょう。次の選択肢の中から三つを選んでください。

- Ⓐ かゆみ
- Ⓑ 虫さされ
- Ⓒ 疲れ目・かすみ目
- Ⓓ 腰痛・肩こり
- Ⓔ 打撲
- Ⓕ 咽頭炎・喘息
- Ⓖ 口内炎

Q2

キンカンには「キンカンの日」という
日本記念日協会（企業・団体・個人によって作られた
記念日の認定と登録を行う一般社団法人）によって
認定された記念日がありますが、
この日は既存のある日と同じ日が選ばれています。
**その記念日として正しいのは、
次の四つの選択肢のなかでどれでしょうか？**

- Ⓐ **10月10日…金柑の日**
（商品名と同じ音である金柑の収穫期の日にひっかけて）
- Ⓑ **11月23日…勤労感謝の日**
（働く人に感謝するために）
- Ⓒ **8月11日…山の日**
（キンカンの出番が増す、アウトドア・レジャーに関係）
- Ⓓ **8月1日…金塊の日**
（金冠堂の金の元素記号Auとaugustをかけたもの）

キンカン クイズ 答え

Q1 C、F、G

キンカンの使用上の注意には「目の周囲や粘膜、傷口やかぶれには使用しないように」というものがあります。

したがって、目の症状に関する効能や、切り傷に対する効能はありません。

また、外用にのみ使用するようにという記載もあり、誤って口に入ってしまった場合は、すぐにうがいをするようにという注意もされています。ということは、文字通り、口の中の炎症である口内炎や咽頭炎・喘息にも使用できません。

Q2 B

キンカンの製造販売元である金冠堂によると、キンカンの効能の中には「肩こり・腰痛に効く」というものがあるところから、キンカンを通して働く人達に感謝をこめる意味で勤労感謝の日を「キンカンの日」としたそうです。

キンカンが発売されてから、百年近い歴史があります。その間には高度経済成長のような目覚ましい好景気から不景気まで、いろんな時代が去来しましたが、いつの時代でも、日本を支えて働く人たちに寄り添ってきたキンカンにとって、ふさわしい日付かもしれません。

『かゆみに即効』親から子へ

「キンカン塗って、また塗って♪」のCMソングでおなじみの金冠堂（世田谷区）のキンカン（第2類医薬品）。現在は虫さされやかゆみなどに早く効く定番商品として親しまれているが、創薬当時はやけどの治療薬として販売されていた。

同社によると、発売は一九二六（大正十五）年。戦時中、キンカンは陸軍の衛生材料廠（医薬品や医療器具の調達などをする部署）で管轄されて軍需品に指定され、のちに一般家庭にも広がったという。

創業者で先々代社長の山﨑栄二さん（故人）が二三年に朝鮮半島に渡り、甘酒売りを生業とするかたわら、やけどをはじめとする何にでも効く外傷薬を目指して研究に没頭。野山を歩いて生薬原料を探し、煮たりするなど試行錯誤して完成させた。金冠堂の名は、半島で古代王族の純金製の王冠が発掘されたとの故事にちなむ。

東京に戻った山﨑さんは、キンカンを担いで営業し、煮えたぎった湯を自分の腕にかけてキンカンを塗り、体を張って売り上げを伸ばした。やけどの治療薬として広まり、戦中も救急薬として重用された。

戦後、電化製品が普及し、火鉢や練炭でやけどをする人が減ったと見ると、虫さされ・かゆみへの効果の訴求に重点を置きキャンペーンを張った。ラジオ体操の作曲者・服部正さんが作ったテーマソングを歌手の雪村いづみさん、ダークダックスが歌った。山﨑さんが民謡好きだったこともあり、同社はテレビ番組「素人民謡名人戦」で一社によるスポンサーを務め、印象的なCMソングでさらに家庭に浸透していった。

昭和を象徴する家庭の常備薬は、平成から令和へと長きにわたり堅実な売れ行きを保つ。一瞬でスッーとした効き目感があり、長年使われ安心できるのがその理由だろう。

COLLECTION 08

生活・家庭

カネヨクレンザー

Q1

カネヨ石鹸が「カネヨクレンザー」の第二弾として
昭和32（1957）年に発売した
「カネヨソフトクレンザー」の通称は？

Ⓐ 白函《ばこ》

Ⓑ 黄函

Ⓒ 黒函

Ⓓ 青函

Q2

カネヨは昭和46（1971）年、
日本初の液体クレンザー「カネヨン」を発売しました。
このカネヨン発売と同時に放送が始まった
**カネヨンのテレビCMに出ていたのは
次のうち誰でしょう？**

Ⓐ 山本リンダ

Ⓑ 森光子

Ⓒ 笠置シヅ子

Ⓓ 浅丘ルリ子

カネヨクレンザー
クイズ
答え

Q1 D

「青函」の実際の色は青と白を基調としていますが、覚えやすさと青が目立つことからそう呼ばれるようになったと考えられます。ちなみに赤い箱のカネヨクレンザーの通称も色から付けられた「赤函」です。

青函は“ソフト”という名の通り、食器を傷つけずに汚れを落とせるよう界面活性剤を添加しています。先発のカネヨと同じく“食の欧米化”に対応し、より油汚れが落ちやすくなったそうです。

Q2 C

笠置シヅ子さんは昭和を代表する歌手の一人でした。テレビから流れた笠置シヅ子の「カネヨンでっせ！」「カネヨンでんなぁ～」というセリフは、当時の人々に強い印象を残しました。

このCMに限らず、カネヨは昔から宣伝に力を入れていました。

昭和24（1949）年にはラジオCMを流してカネヨクレンザーを宣伝したり、雑誌や新聞へ積極的に広告を出稿することはもちろんのこと、当時東京・蔵前にあった国技館を借り切って特売会を行ってユーザーに直接アピールするなど、様々な工夫をしていました。

粉末の研磨力で根強い人気

流し台で、泡立てながら皿を洗う女性のシンプルなイラスト。その赤い箱は、台所の風景に溶け込んでしまうほどに、長く親しまれてきた。

鍋の焦げ付きやしつこい油汚れなどを落とすクレンザーの元祖、カネヨクレンザーの、通称「赤函」と呼ばれる四角い紙製容器のデザインは一九三四（昭和九）年の誕生以来ほとんど変わっていない。和服にかっぽう着だった女性が戦後、半袖の洋服とエプロンになったくらいだ。

「アルファベットの商品名、流し台にあるティーカップなども昔のまま。当時はクレンザーが何かも知られておらず、西洋風のおしゃれな印象を出して、普及させようとしたのでしょう」。カネヨ石鹸（荒川区）の担当者は、そう話す。

米国でクレンザーが大人気と聞いて、火山灰の一種「白土」をもとに、独自のクレンザーを開発したのが同社創業者の鈴木治作さん（故人）。しかし、食器洗いといえば米のとぎ汁や磨き砂を使っていた時代。思うように売れず、鈴木さん自らリヤカーに商品を積んで、問屋を歩いた。

戦後、食の欧米化で油を使う料理が増えると、爆発的にヒットした。

その後、各社が相次いで合成洗剤を発売した。そうした中で同社は七一年、日本初の液体クレンザー「カネヨン」を開発、特許を取得。八〇年ごろまでは独占状態だった。

昨今、汚れが付きにくい調理器具の普及などで、洗剤使用量そのものが低迷している。それでも公園や学校など公共施設の水道やトイレといった、より強い汚れ落ちを求める場面で、粉末クレンザーの人気は根強い。

担当者は「粉末は研磨力が強く、天然素材の白土を使っていて環境にも優しい。紙の容器にこだわりがある方も多く、数世代にわたり使っていただいている」と語る。

COLLECTION 09

生活・家庭

ごきぶりホイホイ

Q1

アース製薬の「ごきぶりホイホイ」の特長の一つは粘着シートの粘着力ですが、

ホイホイ一つで持ち上げられる物体の重さは?

- A 3kg
- B 5kg
- C 15kg
- D 30kg

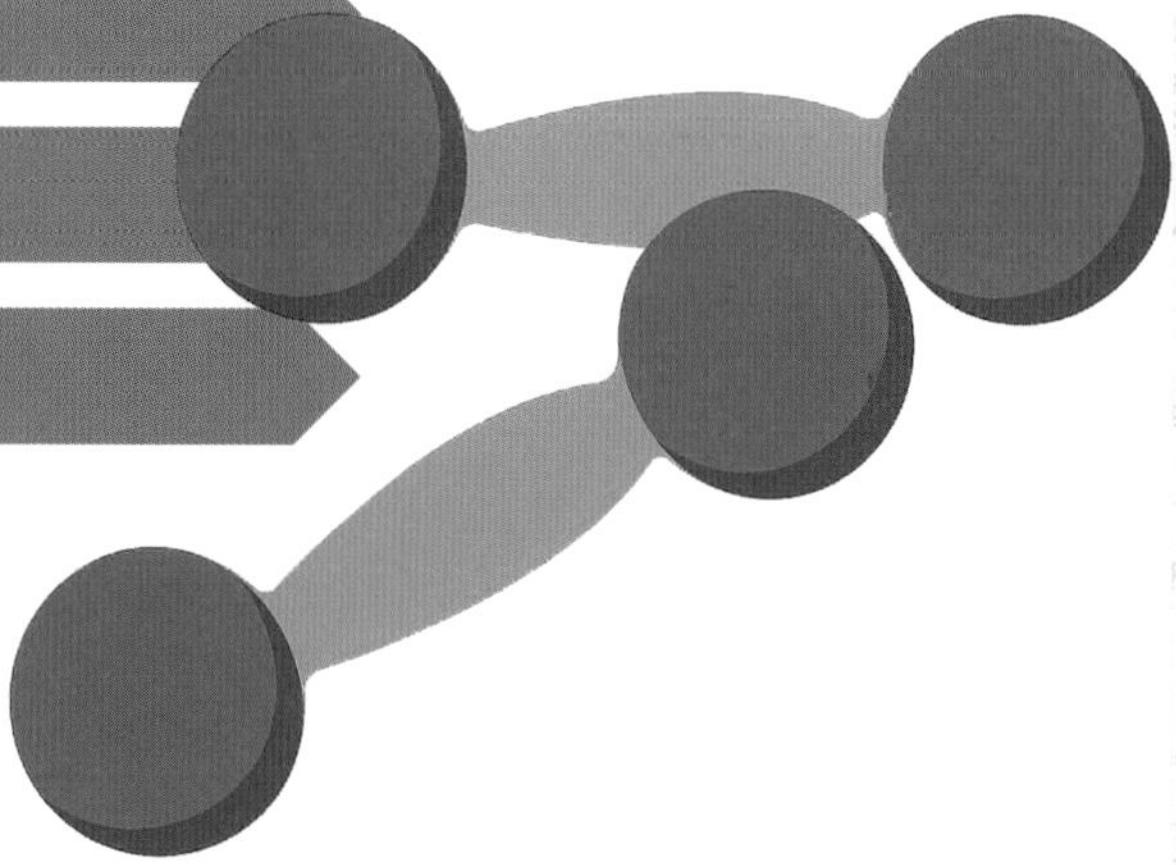

Q2

ゴキブリ退治のための殺虫剤やごきぶりホイホイなどの捕獲器が普及する以前の家庭の中でよく使われていた、

ゴキブリ退治のアイテムは何?

- A 蠅取リボン
- B 蝿たたき
- C 虫取り網
- D とりもち

ごきぶりホイホイクイズ 答え

Q1 D

「ごきぶりホイホイ」が完成するまでに技術的に一番厳しかったのは粘着剤の粘度だったそうです。発売５年後に粘着剤はチューブタイプからシートタイプに変わり、1998年には現在と同じ「デコボコ粘着シート」に改良されました。粘着剤の表面に起伏をつけることで、ゴキブリがもがくほど体がめり込む仕様により捕獲力を強くしました。工場の見学コースでは、粘着シート１枚で15kgのドラム缶を持ち上げる実験を行っていますが、実際は30kgくらいまで持ち上げられるそうです。

Q2 B

蝿たたきは昭和の一般的な家庭では、ごく当たり前に備えられ、蝿や蚊、ゴキブリなどを退治するのに使われていました。世界各国に独自のものがあり、人類と虫との攻防の歴史を物語るアイテムにもなっています。

現在でも蝿たたきは進化しており、網の部分に微弱な電流が流れているものも登場。幼児やペットがいて捕獲機や殺虫剤を使いたくない家庭では重宝されています。ちなみに、選択肢Ⓓのとりもちは「ごきぶりホイホイ」を開発する際の参考になったといわれています。

小さな箱にアイデア満載

経営難で会社更生法の申請まで追い込まれたアース製薬。その救世主となったのが、ごきぶりホイホイだった。発売初年度の一九七三（昭和四十八）年、それまでの同社全体の年間売上高の一・五倍にあたる三十億円近くを売り上げた。二十四時間工場をフル稼働しても、注文に追いつかなかった。

開発を指揮したのは大塚製薬から送り込まれた大塚正富社長（当時）。とりもちでセミを捕った思い出がヒントになった。怪獣ブームの時代。「ゴキブラー」の名前でおどろおどろしいパッケージが試作されたが、発売目前で、商品名も外観も親しみやすく変更された。れんが造りの家をイメージしたかわいらしいデザインは、社長自ら手掛けた。

使い捨てタイプの利便性が顧客に受けた。それまでの捕獲器はプラスチック容器を繰り返し使うタイプ。水につけたり、日光に当てたりして、捕らえたゴキブリを退治する作業が必要だった。ごきぶりホイホイはゴキブリを見ずに捨てられる気軽さに加え、殺虫成分を使わない点も売りだった。以後、ゴキブリの足についた油分などをふく足ふきマットをつけたり、箱の中で動けば動くほど足がのめり込むデコボコ粘着シートを採用するなど、現在まで進化を続けている。誘引剤は、ビーフ、えび、野菜などの好物の香りがエサ袋から漂うよう設計している。設置場所に合わせて変形できる小さな箱も、特許のかたまりで、当時はその形状自体も立体商標として登録された。

同社は兵庫県の研究所で約百万匹のゴキブリを飼育する。毎年十二月には、犠牲になった虫たちのために法要を営む。「ここ（ごきぶりホイホイのスロープ）から、（ゴキブリに）こう入っていただくわけです」。研究、開発に携わる担当者の言葉の端々に、ゴキブリへの敬意がのぞく。

COLLECTION 10

生活・家庭

ママレモン

Q1

昭和41（1966）年の
「ママレモン」の発売から13年後に発売された
台所用洗剤「ママ〇〇〇〇」。
〇に当てはまる四文字はどれでしょうか？

Ⓐ クイーン

Ⓑ ゴールド

Ⓒ ローヤル

Ⓓ チャーム

Q2

ママレモンを製造販売する
「ライオン株式会社」の創業時の社名は
どれでしょうか？

Ⓐ 小林商店

Ⓑ ライオン歯磨

Ⓒ ライオン油脂

Ⓓ 小林富次郎商店

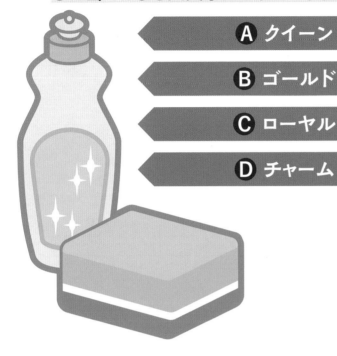

ママレモン
クイズ
答え

Q1 C

昭和54（1979）年に発売された「ママローヤル」は中性で手におだやかな洗剤。洗剤成分を手につきにくくする特殊成分と、植物から抽出した天然保湿成分を配合しています。一方、「ママレモン」は弱アルカリ性で、油汚れや食器のにおいをしっかり落とす洗剤でした。

「ママレモン」は今も一般のスーパーやドラッグストアで販売中ですが、「ママローヤル」は現在「ママローヤルナチュール」として業務用に販売されています。

Q2 D

ライオンの歴史は明治24（1891）年、東京神田で創業した小林富次郎商店から始まりました。

同店時代から国内の衛生保健に貢献し、大正時代に入って「小林商店（後のライオン歯磨）」と「ライオン石鹸（後のライオン油脂）」に分社化しました。

ライオン石鹸社は日本で初となる植物性洗濯石鹸を販売するなどの実績をあげ、ママレモンの発売に至ります。分社化した二社は昭和55（1980）年、今度は合併という形で「ライオン株式会社」となりました。

台所洗剤のパイオニア

昭和四十年代、いつも家事に追われて、流しに立っていた母親の後ろ姿とともに、黄色い容器を思い出す人も多いかもしれない。今なお、台所用洗剤の代名詞として、ママレモンは存在感がある。

台所用洗剤は戦後、日本の衛生環境の改善の使命を背負って開発された。野菜には肥料としてし尿が使われており、それを食べる日本人の体内には回虫がまん延していた。国から「寄生虫や残留農薬の洗浄に効果のある野菜・食器用の台所洗剤を」との意向を受けたライオン（台東区、当時はライオン油脂＝墨田区）は一九五六年、国内初の台所用合成洗剤「ライポンF」を発売した。

その後、生活レベルが向上すると、女性たちの要望に「手が荒れない洗剤がほしい」が加わった。そこで、同社が総力を挙げて六六（昭和四十一）年に発売したのが「ママレモン」だ。

商品名は、当時はまだそれほど一般的ではなかった「ママ」という洋風の言葉と、さわやかな印象の「レモン」を合わせている。レモンには実用的な理由もある。「レモンなどかんきつ類の香りは、食器についた他の食べ物のにおいと混ざっても、さわやかさが保たれるので、台所用洗剤に適しています」と担当者は語る。「手にやさしい」イメージを打ち出したテレビCMの効果もあって、二年後には市場シェア四割の大ヒット商品になった。

その後も台所用洗剤は、天然原料が注目されたり、洗浄力が重視されたりと、時代のニーズに応えながら、業界で競争が繰り広げられてきている。ライオンも主力を「チャーミー」シリーズに移して久しい。しかし、ママレモンは「特に長年ご愛用の方から根強い支持をいただいています」と担当者が話すように、今も台所で働き続けている。

COLLECTION 11

生活・家庭

間違い探し

ケロリン桶

Q

上下のイラストで異なるところを8カ所見つけて下さい。

ケロリンの
風呂桶
間違い探し
答え

銭湯で愛される広告塔

銭湯に行くとよく見かけたものといえば富士山の壁画と「ケロリン」の文字の入った黄色い風呂桶だ。

ケロリン桶は、鎮痛剤ケロリンの広告媒体として一九六三（昭和三十八）年に誕生した。考案したのは、広告宣伝会社・睦和商事（江戸川区）の山浦和明社長。機関車の営業マンだった四十五年前、出張先の北海道の旅館で、底に広告を付けたアルミ桶を見て「桶を広告に使えばおもしろい。プラスチック製なら量産できる」と思い付き、脱サラして起業した。

ケロリンは内外薬品（富山市）が二五年に開発し、富山の薬売りによって家庭常備薬として普及。薬局でも扱ってほしいと多様な広告を試みる中、笹山忠松社長（故人）が山浦さんの熱心な売り込みに桶を採用した。

当時の銭湯は、全国に約一万三千軒あり、衛生面から木製をプラスチック製に替えた時代。製造費は広告主の負担で、銭湯は安く買えるため、日本中に広まった。桶広告の効果もあり、ケロリンは薬局の店頭にも並んだ。

ケロリン桶は、半世紀で延べ約二百万個出荷された。銭湯は激減したが、温泉旅館やレジャー施設など銭湯以外の公衆浴場が増えたことで、注文は減少しなかった。ロングセラーのわけを「桶そのものが日本一だから」と山浦さんは強調する。製造する関東プラスチック工業（群馬県高崎市）は特殊な技術を用いるため印刷が消えにくい。丈夫で、側面に段差があって持ちやすい。

現在は「富山のくすり」ブランドを育成することを目的として内外薬品など三社が共同で設立した富山めぐみ製薬（富山市）が販売を行う。同社のホームページ「ケロリンファン倶楽部」では、歴史などが記され、注目を集めている。

COLLECTION 12

生活・家庭

禁煙パイポ

Q1

平成22（2010）年、たばこの販売を全面禁止した国があります。
それはどこの国でしょう？
次の選択肢の中からひとつ選んでください。

A トンガ王国

B モルディブ共和国

C バチカン市国

D ブータン王国

Q2

昭和59（1984）年、一世を風靡した
禁煙パイポのテレビCMの中で、小指を立てつつ
「私はこれで会社をやめました」と語るサラリーマンを
演じたのが、手塚和重という埼玉県在住の方です。
このCMで人気になった手塚氏のもとへ森永製菓から
CMの出演依頼があったといいます。
共演者には**当時の超大物**の名前があがっていました。
さて、その大物の名前とは？

A 松田聖子

B 具志堅用高

C 中森明菜

D 江川卓

禁煙パイポ クイズ 答え

Q1 D

2010年、ブータンではたばこの販売が禁止されましたが、新型コロナウイルスの流行対策として解禁されました。密売人が持ち込む新型コロナウイルスへの懸念からでした。ただし、この解禁は一時的なもので、現在は再び禁止されています。

ブータンに限らず、現在、禁煙は世界的な潮流となっています。映画館や電車の中でもタバコを吸っていた人がいた昭和の時代とは、隔世の感があります。

Q2 D

このCM演出を担当したのは、「タンスにゴン」「エバラ焼肉のたれ」などでも有名なCMディレクター市川準氏。CMの絶大な効果もあり、パイポの発売元マルマン（現：マルマンH&B）の年商は7億円から40億円に急上昇。しかし、出演の手塚氏は当時東京都の職員として働いており、ギャラは受けとっていませんでした。そうした中で、森永製菓からのCM出演依頼。それも共演者は巨人軍エースの江川卓という超大物でしたが、堅実に公務員として務めあげたいという理由から辞退したそうです。

手塚氏は定年後、公務員時代に培った技術を活かし「庭師」へ転身しました。

コレで辞めて大成功

禁煙パイポと聞いて中高年の人がまず思い浮かべるのは、あのＣＭだろう。

男性Ａ　私はこの禁煙パイポでたばこをやめました。

男性Ｂ　私もこのパイポでたばこをやめました。

男性Ｃ　（小指を立てて）私はコレで……会社を辞めました。

いかにもまじめなサラリーマン風の男性三人と「落ち」とのギャップが強烈なインパクトを生んだ。設立から一年もたたないアルマンが、一九八五（昭和六十）年一月に全国ネットで流したＣＭは大反響を呼び「私はコレで……」は新語・流行語大賞の大衆賞を受賞。まねをする子どもたちに親はまゆをひそめ、パイポは生産が追いつかない人気を得た。

当時アルマン社長だった三好重恭さんはもともと、世界初の電子ガスライター（六五年）を発売したマルマンで商品開発部次長を務めていた。

健康ブームと禁煙志向の高まりを見て「禁煙グッズを作れば必ず売れる」と確信した三好さんだったが、マルマンでは当時「喫煙具を売る会社が禁煙グッズを売ることはできない」との考えが強かった。

「それなら独立するしかない」。三好さんはマルマンを円満退社。一字違いのアルマンを設立した。吸うとフルーツなどの香りが広がる商品はすぐにできたが、販売ルートがない。「とにかくインパクトのあるＣＭを作って売ろう」。わずか五百万円の予算で三好さんが制作会社に出した注文は「大企業が絶対に採用しないＣＭを作ってくれ」だった。

現在、マルマンＨ＆Ｂ（千代田区）が販売する「酸素パイポ」にその名称は引き継がれる。三好さんは取材時（二〇一〇年）に「こんなに長く市場に残るとは思っていなかった。パイポは私の人生で最大の喜びです」と語った。

COLLECTION 13

生活・家庭

間違い探し

赤チン

Q

上下のイラストで異なるところを8カ所見つけて下さい。

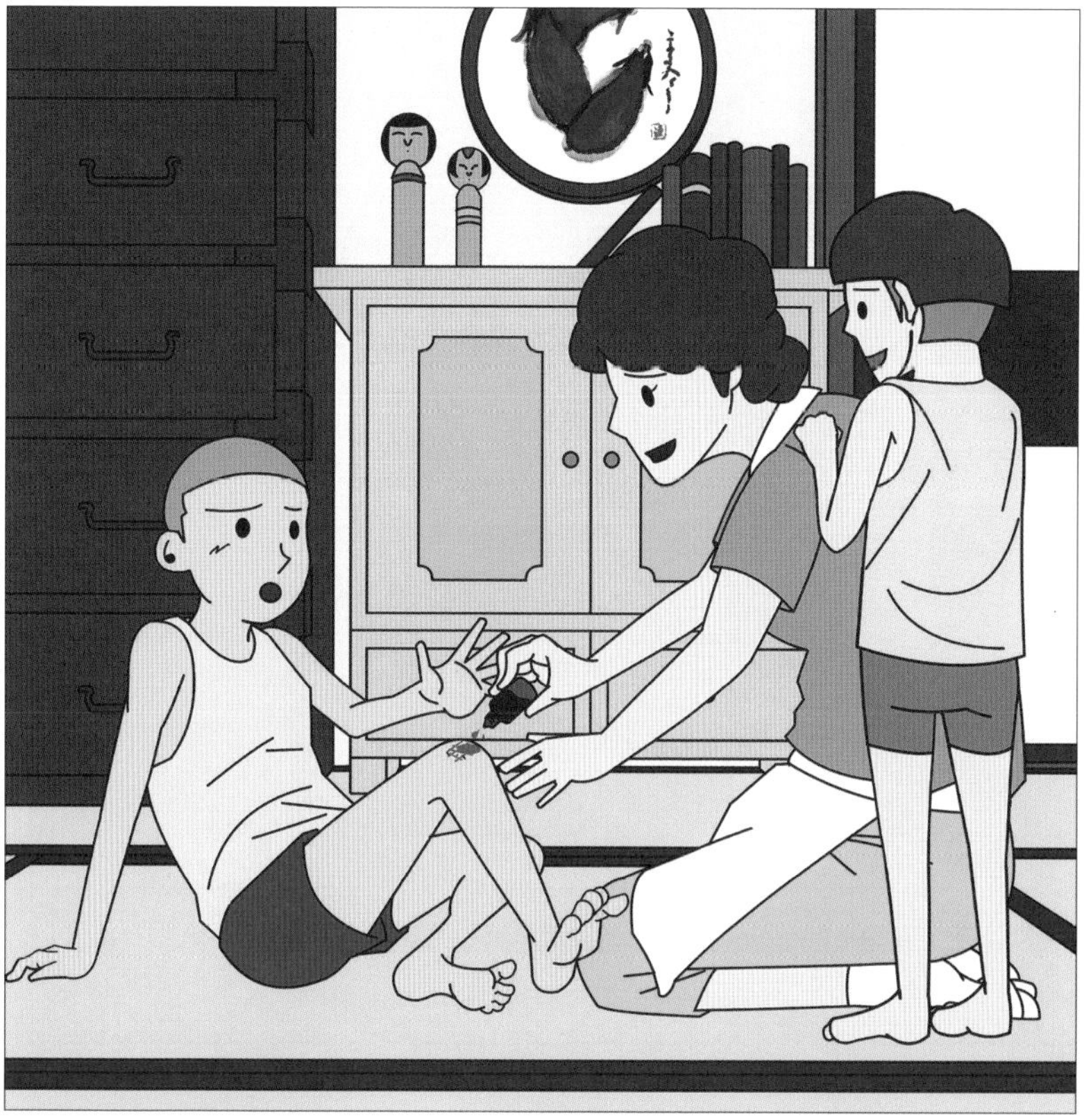

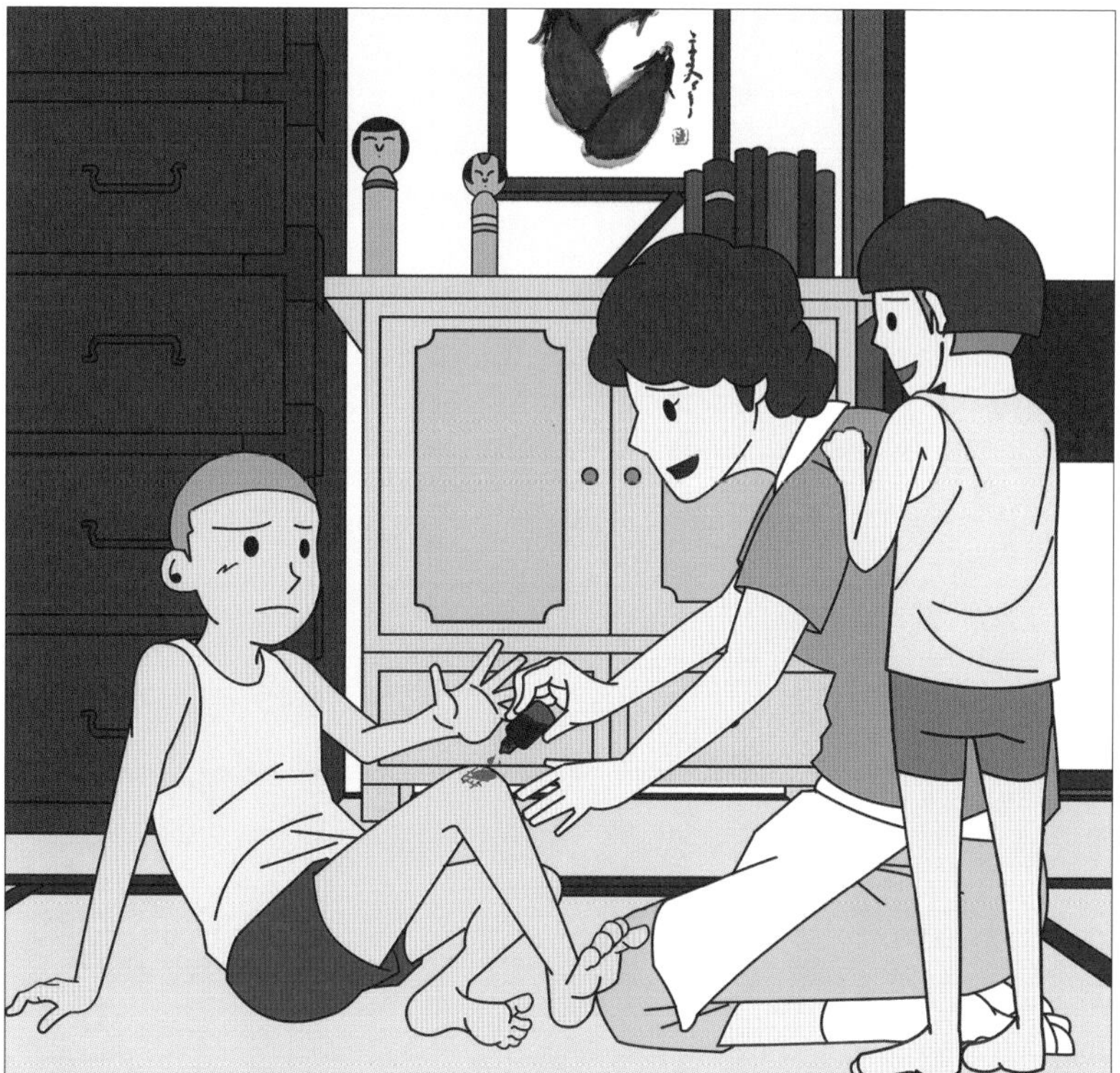

赤チン 間違い探し 答え

かつては救急箱常備〝魔法の薬〟

子どものころ、転んでけがをしても、真っ赤な魔法の薬を塗ると痛みがどこかに行ってしまう気がした。「赤チン」の愛称で知られていたマーキュロクロム液。かつては家庭の救急箱のレギュラー選手だった。

「最盛期は休む間もなく作っていました」。一九五八（昭和三十三）年に三栄製薬（世田谷区）を創業した藤森利美会長（二〇〇九年取材時）は六〇年代を振り返る。当時は一本五十ミリリットルの容器で二万～三万本を問屋に卸していた。

赤チンが救急箱から消えた原因の一つには「赤チンを塗ると、水銀中毒になる」という風評が挙げられる。水俣病などの水銀被害が問題化したのに伴い、赤チンの材料となるマーキュロクロムを精製する際、廃液中に水銀が含まれることが注目された。人体に影響のない量だが、藤森さんは「過度に警戒されてしまいました」と話す。

もう一つの理由は、無色の消毒液が登場したこと。赤チンで衣類に色が染み付くことが敬遠されるようになった。「赤チンが染みたズボンを履いて走り回っていた子が昔はいましたよね」。藤森さんは懐かしむ。

それでも、年配の人を中心に根強い需要があった。藤森さんも「赤チンは私にとって子どもみたいなもの」と製造を続けた。二〇〇七年には長男の博昭さんに社長を譲り、会長となったが、タンクにマーキュロクロムと精製水を注いで赤チンを作る作業は自らが行っていた。

水銀を使った製品の製造を規制する水俣条約の規制強化を受けて、二〇年末に製造終了した。「全国の愛用者から惜しむ声が寄せられ、愛されていたんだと実感した。赤チンが姿を消すことは寂しい。長い間、お使いいただいてありがとうございました」。製造終了間際の取材に博昭さんはそう語った。

COLLECTION 14

生活・家庭

かつお節削り

Q1

かつお節を削るとき、

ⒶとⒷ、どちら側から削るのが正しいでしょう？

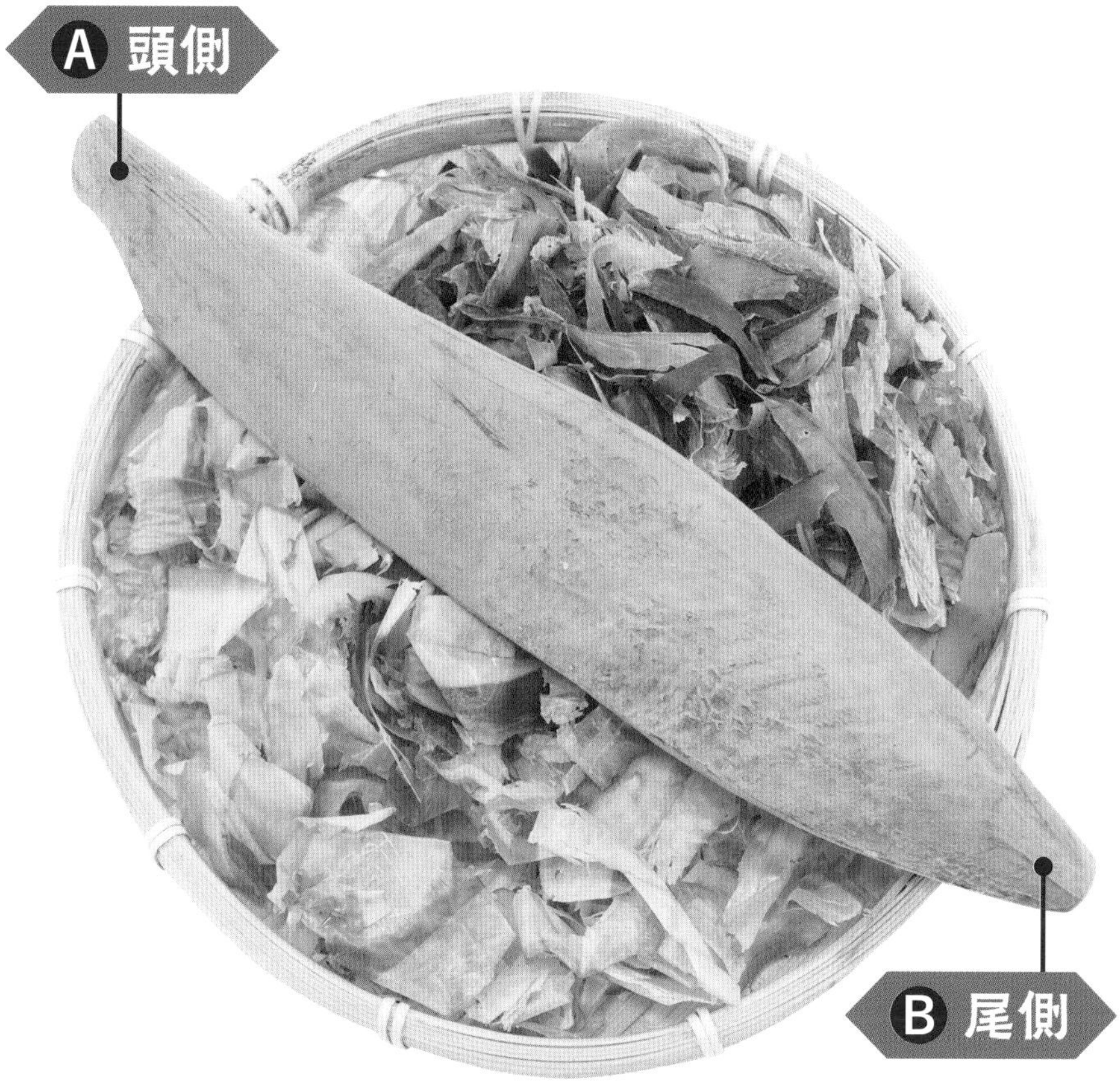

Q2

かつお節は削り方によって風味が異なります。

削り方に対応する主な用途を
それぞれ選んでください。

削り方	選択肢
1. 薄削り	Ⓐ 添え物
2. 厚削り	Ⓑ 煮つけ
3. 糸削り	Ⓒ お吸い物の出汁

かつお節削り クイズ 答え

Q1 A

かつお節を削るときは、削り器の刃先を手前に向けて、かつお節を手前に引くように頭側から削ります。尾側から削ると粉になってしまいます。かつお節には目があり、目に逆らって削ると、けば立った感じの面になり上手に削れません。削れたかつお節の厚みを変えるにはかつお節削り器の台座を木槌で叩き、叩く方向によって刃の出具合を調節します。

刃が出すぎていると、削り面がクレーターのような面になったりします。

Q2 1. C 2. B 3. A

かつお節は削り方によって風味が異なり、形状も様々です。用途に応じて使い分けることができます。薄削りは0.2㎜以下の薄さに削られたもの。その薄さから出汁が抽出されやすく、短時間の加熱で出汁がよく出て香りも楽しめるのが特徴です。一方、圧削りは厚さが0.2㎜を超えたもの。時間をかけて煮出すため、濃厚でコクのある出汁が取れます。加熱時間が長いため香りが弱まりやすいですが、水の量に対して多量に入れることで風味を調節することができます。糸削りはかつお節を糸のように細く削ったもの。見た目の美しさから出汁を取るのではなく料理の添え物として使われています。

かんな改良「落ちぬ切れ味」

三世代同居が珍しくなかったかつての東京の家庭では、夕飯の準備でかつお節を削るのは小さな子どもの役目だった。親に言われて削り器を取り出し、かつお節を削った経験を持つ方も多いだろう。

現在のような堅いかつお節の製法がほぼ完成したのは江戸時代と言われる。それを削るために「かつお節削り器」が登場した。当初は大工たちが木を削るために使う「台がんな」を転用したが、その後、台の大きさを小さくしたものが登場、一般家庭に広く普及した。

昭和四十年代に入ると、削り節を長期保存できるパック詰めの製品が登場した。

そのころ、渋谷区恵比寿で大工用の鉋を専門に製造していた石堂鉋製作所（栃木県小山市）が、かつお節削り器の製造を始めた。先代の石堂秀雄さん（故人）が、デパートの東京都伝統工芸品展で展示販売するために、台を作る職人とともに作り出した。それまでの削り器に対して台の長さを長くして、安定して削れるようにした。刃は大工用と同じ切れ味の良い専門の鋼を使って、手仕事で一枚ずつ作った。

販売すると、たちまち「切れ味が良い」と評判に。テレビ番組で取り上げられ、一週間で二百台売れたこともあった。「そのころから作り方は変えていませんが、一般のご家庭だったら三年くらいは研がなくても切れ味は落ちないです」と、名工として知られた秀雄さんの長男で、十二代目を継いだ良孝さんは（二〇一二年取材時に）語っていた。

パック製品が普及し、往時の需要はないが、自然食への関心の高まりもあって海外から注文が届いたこともあるという。同製作所へも問い合わせは今もあるが、材料の仕入れが難しくなったことなどから、残念ながら現在は製造を中止している。

COLLECTION 15

生活·家庭

写ルンです

Q1

「写ルンです」の「ルン」がカタカナ表記なのは、**この商品名が当時流行していたある言葉が由来となっています。** その言葉とはズバリ何でしょうか?

Q2

「写ルンです」などの
レンズ付きフィルムの起源は、
撮り終えたカメラをそのままメーカーが回収し、
現像をした後にフィルムを再装填して返却する
ロールフィルムカメラのサービスだといわれています。
では、そのサービスを世界で
最初に始めた会社はどこでしょうか?
次の選択肢の中から正しいものを一つ選んでください。

- A キヤノン
- B 富士フイルム
- C オリンパス
- D コダック
- E ペンタックス

写ルンです クイズ 答え

Q1 ルンルン気分

「写ルンです」のネーミングは、候補のひとつだった「写るんです」と当時の流行語「ルンルン気分」とを合わせて決定されました。現在流通している商品のロゴは3代目で、初代のロゴには「しゃるんです」と誤読されることを防ぐために「写」の字にルビが振られていました。

ちなみに「写ルンです」の成功を受け、この市場にコニカやコダックなどカメラメーカーが多数参入し、「レンズ付きフィルム」はブームとなっていきました。

Q2 D

レンズ付フィルムの始まりは、1888（明治21）年にコダック社のジョージ・イーストマンが開発したフィルムカメラの販売システムだといわれています。このシステムでは、メーカーが100枚撮りロールフィルムを装填したカメラを販売し、写真を撮り終わったユーザーが10ドルを支払ってメーカーにカメラを送ると、現像した写真とともに新しいフィルムを装填してカメラが返却される…というものでした。このシステムの着想は、コダック社のキャッチコピー「You press the button- we do the rest.」（あなたはボタンを押してください、我々が残りをやります）が背景となっています。

手軽に楽しめ根強い人気

日本初のレンズ付きフィルム「写ルンです」が富士フイルム（本社・港区）から発売されたのは一九八六（昭和六十一）年のこと。当時、現像の技術が向上し、街の写真店でも簡単に高品質のプリントができるようになっていた。

一方で、カメラの操作は誰にでも簡単とはいえなかった。中でも、フィルムの装填ミスが多かった。ならば、フィルムに直接レンズを付ければ、撮影も手軽に楽しめる。そんなアイデアからプロジェクトチームを結成、一年強で製品化した。当時の流行語「ルンルン気分」にあやかったネーミングも効果的で、幅広い層に受け入れられた。

好評を受け、翌年には、中身を高性能フィルムに変更、さらにフラッシュを付けたタイプも発売し、さまざまな場面で使えるように改良した。九〇年代に入ると、若い女性の間でブームが起こり、「女子高生の三人に一人が持ち歩いている」とまで言われた。

早くから製品のリサイクルにも取り組む。現像所に来た製品から、フラッシュやレンズ、電池などは品質チェックして再利用する。さらにプラスチックは細かく砕くなどして、ほぼ100％のリサイクルを実現した。他社と連携して回収率も高い。

全世界で累計約十七億本（取材時）を出荷してきた。現在は、デジタルデータとして受け取ることも可能。フィルム写真ならではの、おしゃれでノスタルジックな雰囲気になるところに根強い人気が集まる。

思い立った時に撮影できる手軽さに加え、被写体に威圧感を与えないデザインも特長だ。「『写ルンです』だと、撮る方も撮られる方もリラックスできる。だからいい表情が出やすいと思います」と、担当者は語ってくれた。

COLLECTION 16

遊び・おもちゃ

Q

間違い探し

エポック社野球盤

上下のイラストで異なるところを8ヵ所見つけて下さい。

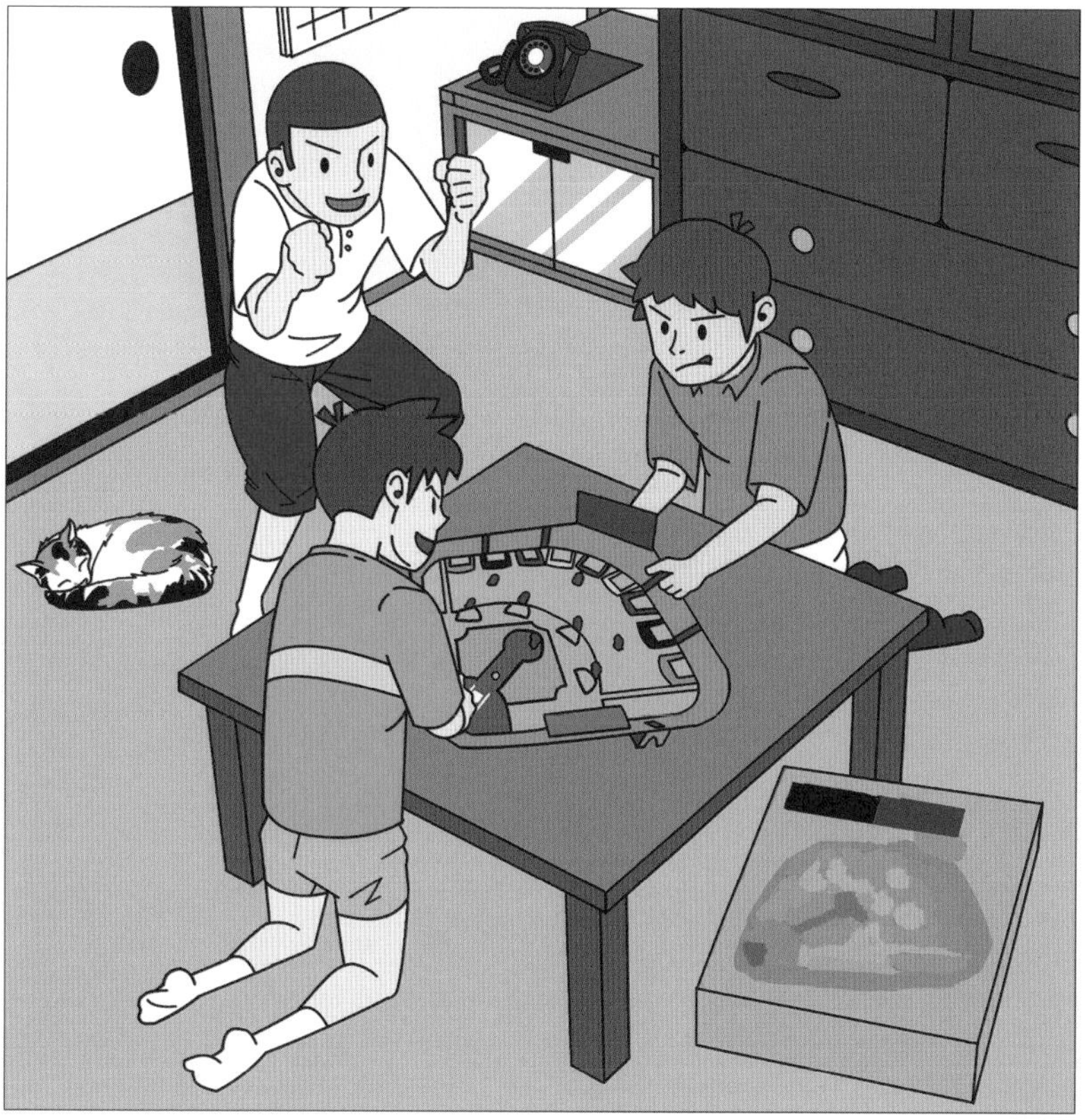

エポック社 野球盤 間違い探し 答え

名勝負演出『消える魔球』

「さあ、ピッチャー振りかぶって第一球投げた」。自分で実況を加え、右手で投手のレバーを引き、剛速球を投げるため左人さし指で力いっぱいはじく。すると、パチンコ玉のような鉄球が勢い余って球場を飛び出し部屋に転がった。夢中になった記憶が、今も鮮明に残る。

　玩具メーカーのエポック（台東区）が野球盤を発売した一九五八（昭和三十三）年は、「ミスター」こと長嶋茂雄さんが、巨人に入団した年。プロ野球は国民的娯楽だった。そこに現れた、バネの力で球を発射、ゼンマイ式のバットで打つ野球盤は、たちまち子どもたちにとって憧れの商品となった。

　ブームにさらに火をつけたのが、テレビアニメ「巨人の星」で主人公・星飛雄馬が投げた「消える魔球」システムの開発。ホームベース前の土がパカッと開き、球が吸い込まれ「消える」。この魔球を取り入れた七四年発売の機種は累計三百万台を記録した。

　八〇年代以降、テレビゲームが主流となり、サッカーJリーグが開幕して野球離れが進むダブルパンチ。販売台数は年間約三万台と低迷した。起死回生を狙って八八年に投入したフルオートのドーム型も売れ行きはさっぱり。同社広報担当者によると、一時は野球盤の製造中止も検討されたという。

　この危機的状況を救ったのがレトロブーム。二〇〇四年、外装を全盛期の商品に似せた「野球盤スタンダード」を発売したところ、前年比約四倍の売り上げを記録した。

　以後、現在に至るまで人気は堅調。ピッチャーの投げたボールが宙を飛ぶ「3Dピッチング機能」など、現代のテクノロジーが搭載されているが、消える魔球は健在。大人から子どもまで一緒に夢中になれる野球盤は「永久に不滅」のようだ。

COLLECTION 17

遊び・おもちゃ

間違い探し

スペースインベーダー

Q

上下のイラストで異なるところを8カ所見つけて下さい。

スペースインベーダー間違い探し 答え

世代の壁越え『かわいい』

規則正しい隊列を組みながら、攻撃を仕掛けてくるインベーダー。背景に流れるドシラソの四音は映画「ジョーズ」の音楽を参考に作られ、次第にテンポが速くなって、プレイヤーを追い詰める。

タイトー（新宿区）が一九七八（昭和五十三）年に発売したスペースインベーダーは、ゲーム機が設置された喫茶店に百円玉を積み上げた若者がひしめくなど大ブームを巻き起こした。プレイヤーたちが編み出した「技」は、名古屋撃ち、レインボーなどと名付けられ、各地で競技大会なども開催された。

開発者の西角友宏さんは「当時はプレイヤーが一方的に攻撃する単純なゲームばかり。複雑な動きができるゲームを作りたかった」と話す。そこで取り入れたのがマイクロコンピューターだ。当時、日本にマイクロコンピューターの技術はほとんどなく、西角さんは米国のゲームに使われていたマイクロコンピューターを独学で解析。詳しい専門書もない中で「朝から晩まで寝食を忘れるほど研究」し、シューティングゲームの典型ともいえる、多数の敵から攻撃されるこのゲームを完成させた。

インベーダーには実はモデルがある。英国のSF作家、H・G・ウェルズが描いたたこ型火星人だ。西角さんは「本当は、もっとリアルな宇宙人にしたかった。当時のゲームでは縦八マス、横十一マスのドットで宇宙人を表現するしかなかった」と苦笑いする。

リアルではないかわいらしいインベーダーは世代を超え、今でも根強い人気を誇る。タイトーが開設するホームページでは、インベーダーをあしらったスカジャンやTシャツといったグッズも販売され、好評を博している。発売から四十五年。世代の壁を越えて、インベーダーは世界を「侵略」しているようだ。

COLLECTION 18
遊び・おもちゃ

電子ブロック

Q1

昭和48（1973）年に誕生した
「学研電子ブロック」の“ライバル”ともいえる
電子回路実験玩具の名前はどれでしょうか？

A 学研ユアキット

B 学研ワンキット

C 学研ベストキット

D 学研マイキット

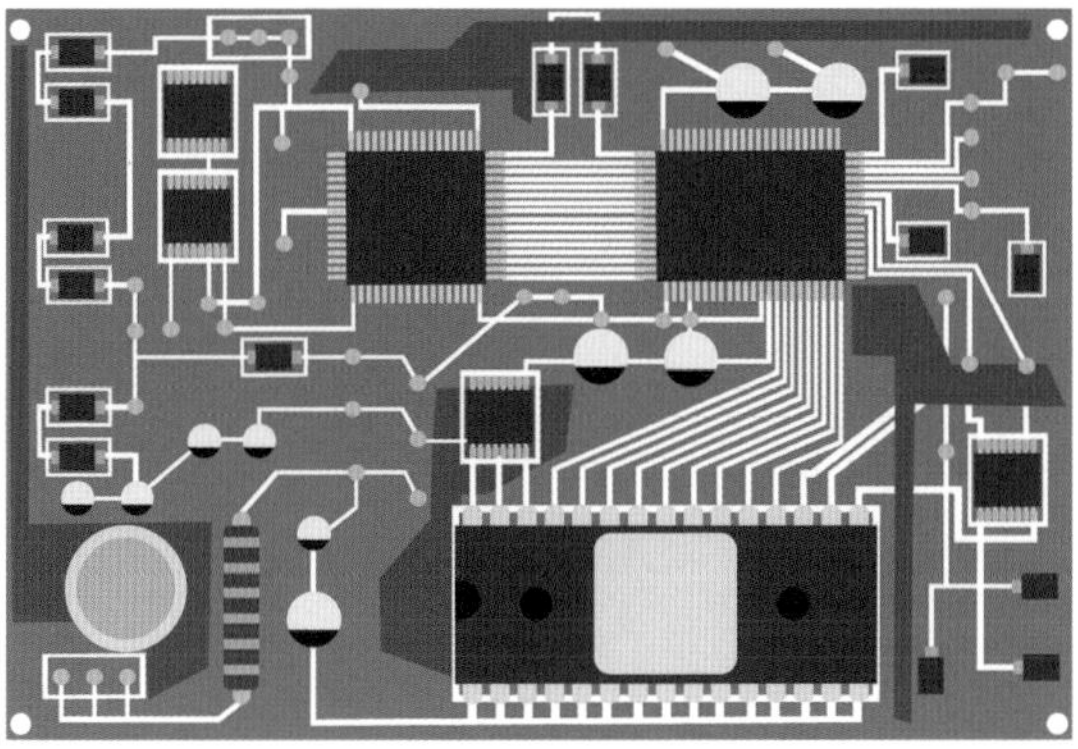

Q2

「学研電子ブロックEX-150」が登場する以前の
昭和40（1965）年に発売された、
電子ブロックシリーズを下記の中から選んでください。

A DRシリーズ

B SRシリーズ

C STシリーズ

D FXシリーズ

電子ブロック クイズ 答え

Q1 D

「学研マイキット」は昭和39（1964）年に発売されました。電子ブロックとは異なり、リード線を電子部品とつなぎながら電子回路を作るという手先の器用さも求められる実験玩具でした。

発売当初、部品などを収めるボディはなんと紙製。以後、木箱、プラスチックなどに変わっていきました。

中でもアタッシェケース風ボディは当時の最先端科学を感じさせるもので、子どもたちの知的好奇心をくすぐりました。

Q2 A

愛知県に本社を置く「電子ブロック機器製造株式会社」が昭和40（1965）年に電子ブロックの商品化と販売を開始。22回路を実現させた「DR- 7」が最初のモデルで、ラジオ、エレクトーンなどの音が出るという画期的な製品でした。

その機能ゆえの当時としては高価な値段が災いし、売り上げは低迷。そこで開発されたのが「DR-1A」と「DR-2A」でした。価格を抑え、玩具色を強くしたこの二つのモデルは、それ以降に続く「SR」(1968年)、「ST」(1971年）で改良をかさね、昭和51（1976）年、業務提携した学研が発売した大ヒット作「EX」誕生のもとになりました。

売れ続けるアナログの魅力

Ａ４サイズほどの黒いプラスチック製の本体に、線や記号が描かれたブロックをはめ込んでいく。回路をつなぐように並べてスイッチを入れると、本体のスピーカーからラジオの音が。ブロックを組み替えて付属コードを二本差し込み、それぞれのコードの端を左右の指でつまんだ人に質問をすると、答えによって音が変わる。「今の答えはウソですね」。うそ発見器に変身だ。

四十六のブロックで百五十の電子回路が学べ、さまざまな道具に生まれ変わる「学研電子ブロック」は、科学に関心がある人たちの興味に手軽に応え、作る楽しみも感じさせてくれる。

登場は一九七六（昭和五十一）年。回路のみの実習用製品はそれ以前にもあったが、子どもたちも簡単に取り組めるよう、手ごろな大きさの本体にダイヤルやスピーカー、メーター、光センサーを搭載。一万数千円と当時としては高価だったものの、年間二十万台以上売れるヒット商品になった。

ところが八〇年代に入り、子どもたちの関心はほかに移る。テレビゲームやコンピューターの普及だ。売れ行きは下降線をたどり、八六年にはついに製造中止に追い込まれた。

学研こと学習研究社（現Ｇａｋｋｅｎ：品川区）は『大人の科学』シリーズを出した二〇〇一年にアンケートを実施したところ、電子ブロックの復刻を求める声が多かった。だが当時と同じ部品は既にない。試行錯誤を繰り返し、中国で製造。同様の品質で九千八百円で再登場したのが〇二年。当時の回路集も復刻した。その後、詳しい解説を加えた回路集に変更し、値段も改めた「復刻新装版」を売り出すと、子どものころ憧れた世代を中心に人気を呼んだ。

現在は販売終了しているが、懐かしむ声は絶えることがない。

COLLECTION 19

遊び・おもちゃ

ガチャガチャ

Q1

ガチャガチャは、カプセルトイのことで、さまざまな商品が発売されています。
昭和58（1983）年にバンダイより発売され
空前のブームを巻き起こした、
バトル作品をもとにしたガシャポン® 商品の通称は？

- A キン肉消しゴム
- B キンケシ
- C キンゴム

Q2

カプセルトイは、
おもちゃを作るいくつかの会社が商標登録をしています。
次のうち、**タカラトミーアーツが登録している商標**はどれでしょう？

- A ガチャガチャ
- B ガチャポン
- C ガシャポン
- D ガチャ

ガチャガチャクイズ 答え

Q1 B

昭和58（1983）年にバンダイのガシャポン® から発売され、子どもたちの間で爆発的な人気となったキン肉マンのフィギュアは、キンケシと呼ばれています。「キン肉マン」（原作・ゆでたまご）の主要キャラクターであるキン肉マンだけでなく、作中に登場する様々なキャラクターがモデルとなりました。発売から40年以上たった今もシリーズ商品が販売され続けています。

Q2 D

ガチャガチャは、昭和40（1965）年ごろにアメリカから日本に導入されました。アメリカではカプセルトイと呼ばれ、日本では総称としてカプセルトイといわれますが、メーカーによって呼び方が異なります。

クイズ四択のうち、ガチャ® は株式会社タカラトミーアーツが登録している商標です。

また、「ガチャガチャ」は複数の会社が商標登録しています。

浅草の商店街からヒット

カプセルトイ、通称ガチャガチャが日本に登場したのは一九六五（昭和四十）年ごろ。さきがけとなったバリューマーチャンダイズ（墨田区）の代表取締役、広瀬久照さん（二〇一一年取材時）は、玩具の輸出を行っていたある日、取引先のスタンレー・シャーレットさんから、米国で人気のカプセルトイの国内販売を持ちかけられる。かの地での隆盛ぶりを見て、受けると確信した広瀬さんは、会社をシャーレットさんと共同で設立した。

浅草を中心に下町の商店街に飛び込み営業をかけ、輸入した百台の自動販売機を設置。スーパーボールなどを詰めたカプセルを入れると、一日ですべて売り切れとなった。当時流行しだしたボウリング場に設置すると、さらにヒット。集金した十円玉を何袋もの麻袋に詰めて銀行に持って行くと、あまりの量に預かってもらえないほどだった。

その後も自動販売機を国産にするなど改良を重ねてきた。小型トランシーバーや、ダイヤモンドカットのスーパーボールなど、数々のユニークな玩具を繰り出し続けてきた。

目玉商品の多くは広瀬さんが考えたが、アイデアの源は事務所に毎日遊びに来る子どもたちだった。彼らの話から流行を知り、新作玩具への反応を確かめることで「約九割」のヒット率を保ってきた。「彼らの中には、大きくなってうちに就職して、独立していった子もいます」と広瀬さんは振り返った。

仕事を引退する間際まで、十字架や刀を模したキーホルダーや、子ども用スポーツブレスレットなどの玩具をカプセルに詰め、新たなシリーズの構想を練ってきた。約半世紀もの間、続けてこられた理由を聞くと「子どもが好きだから、楽しみながらやってきたんです」とパイオニアは、笑顔になった。

COLLECTION 20
遊び・おもちゃ

ダイヤモンドゲーム

Q1
6色駒ダイヤモンドゲームは
何人で遊べるでしょう?

A 3人

B 2〜6人

C 4〜6人

Q2
ダイヤモンドゲームの
勝利条件はなんでしょう?

A 全ての駒を対面の陣地に移動させる

B 王駒を対面の頂点に移動させる

C 敵の王駒の隣に自分の駒を配置する

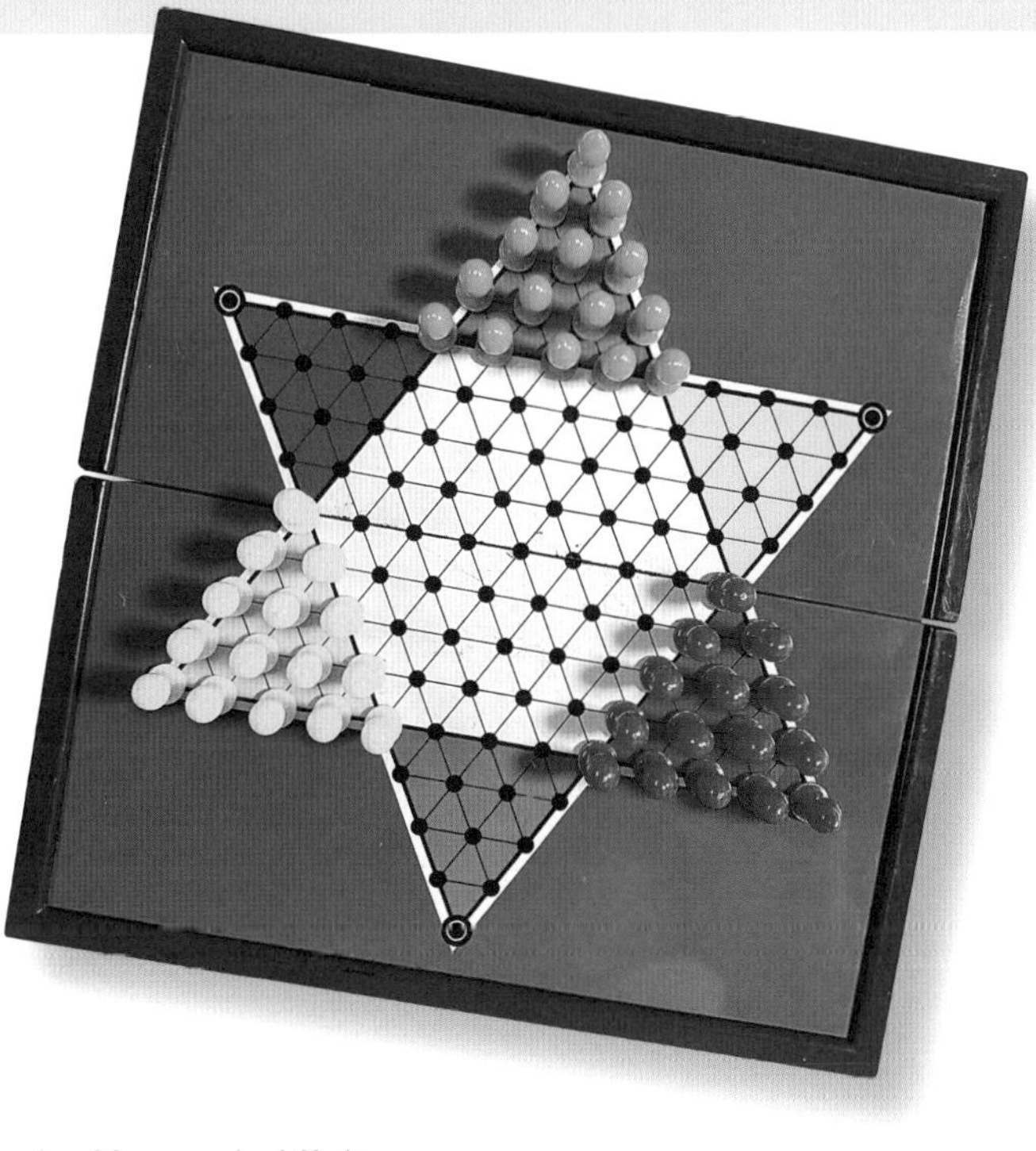

ダイヤモンドゲーム
クイズ
答え

Q1 B

ダイヤモンドゲームのルールは簡単。自分の陣地にあるすべての駒を反対側エリアへ最も早く移動させた人の勝ちです。よく知られている３色の駒で遊ぶもののほかに、4人以上のプレイに対応した6色駒があります。

３色駒のダイヤモンドゲームでは2 ～ 3人でしかプレイできませんが、６色駒は２～６人で遊ぶことができます。

ただ、5人の場合は有利なプレイヤーが出てしまうのでおススメはできません。

Q2 A

自分の陣地内の全ての駒を対面の陣地に移動させ、最も早く配置できた人が勝利します。駒はマスを線に沿って進め、自分の駒の周りにある駒を飛び越えることができるのが特徴的です。

「敵の駒は飛び越えられるが自分の駒は飛び越えられない」や、「王駒が存在する」など販売メーカーによって若干のルールや仕様が異なりますが、基本的なルールは変わりません。簡単なルールで誰でも遊べることから、家族で楽しめるボードゲームとして人気になりました。

また、ゲームの駒が人の形をしているものもあれば、ビー玉のような駒もあり、色使いも様々です。

ルール単純　根強い人気

赤、黄、緑の駒と青い盤面が目に鮮やかなダイヤモンドゲームは、十九世紀に欧州で登場したとされる。日本に輸入されたのは昭和の初め。六つの頂点を持つ星の一角に置かれた駒を、向かいの一角に他のプレイヤーより早く移動させるルールは、シンプルだが奥深く、ブームを呼んだ。

現在も製造販売を行うハナヤマの前身、花山ゲーム研究所は港区で創業した一九三三（昭和八）年に、自社製のダイヤモンドゲームを発売した。欧州製にならった色づかいのインパクトも大きく、注文が次々に舞い込んだ。独自のルールを作り、マグネット式を登場させるなど、改良を加える一方で、基本のデザインや色はほぼ変更せず、イメージを守り続けている。

七〇年代に入って二度目のブームが到来。「推定ですが、年間五十万個以上は出荷していたでしょう」と、担当者は言う。高度経済成長期も終盤を迎え、娯楽に目を向ける余裕が世間に広まった。家族や友人同士で遊べるゲーム全般が注目され、ボードゲームが軒並み売り上げを伸ばした時代だった。七二年、千葉県市川市に、本社と工場を移転した。

テレビゲームの台頭もあり、販売数は減少したが、プレイヤー同士が顔を向かい合わせ、会話もしながら楽しめるところが再評価され「定番」のゲームとして、根強い人気を集める。現在は「マグネチック　キングダイヤモンド」、「ニューダイヤモンド」などの商品展開があり、子や孫と一緒に遊ぶために購入していく人も多い。

「ルールがシンプルなだけに、大人が子どもに教えて一緒に遊ぶ、という形で、昔から受け継がれてきたゲームだと思います。家族で一緒に、しかも長く遊べるゲームですよ」と、担当者は笑顔で語る。

COLLECTION 21

遊び・おもちゃ

間違い探し

フラフープ

Q

上下のイラストで異なるところを8カ所見つけて下さい。

フラフープ
間違い探し
答え

昭和30年代、人々とりこに

一九五〇年代後半、人々の暮らしは決して豊かではなかったけれど、今よりずっと元気があった。そんな時代に、わずか数カ月だが爆発的人気を呼んだのがフラフープだ。腰をくねらせながら直径九十センチほどの輪っかを回す遊びに、大人も子どもも夢中になった。

遊具としての起源は不詳。だが、商品としては、オーストラリアの遊びからヒントを得て、米国の玩具メーカーが販売して、ブレークした。ポリエチレン製のカラフルなフープ。その人気がイギリスやフランス、さらに日本へと飛び火し、空前のブームとなった。

日本で初めて国産のフラフープが販売されたのは五八（昭和三十三）年十月十八日。百貨店や玩具店には長蛇の列ができ、わずか二時間で一千本を売った店もあったという。

当時、フラフープを製造・販売していた台東区の玩具問屋では、連日夜遅くまで製造作業が続いていたという。工場から仕入れたプラスチックのパイプを丸め、継ぎ目にくぎを打ってテープを巻いていた。「商品が足りず、水道管を丸めたものや、たるにはめる竹製のたがまで売った人もいた」と関係者は語る。

だが、ブームの終息も早かった。「フラフープをやりすぎると腸がねじれ、内臓を悪くする」などの風評がたち、禁止する学校も出てきたからだ。

米国ではさまざまな技術を駆使しながら、フラフープを回す「フラフープダンス」が人気を呼んだことも。日本でも、フラフープを使った運動がダイエットにも向いていると、再び注目を集めている。米国認定のフラフープダンスインストラクターは笑って言った。「正しく回せば、骨盤のゆがみや腰痛が治ることがあっても、腸がねじれた人は見たことがありません」

COLLECTION 21

遊び・おもちゃ

間違い探し

ルービックキューブ

Q

上下のイラストで異なるところを8カ所見つけて下さい。

ルービックキューブ間違い探し

答え

400万個　驚異のブーム

六色の立方体を回し六面の色をそろえるパズル、ルービックキューブ。考案したハンガリーの建築家エルノー・ルービック氏に由来する名称の世界的おもちゃは、一九八〇（昭和五十五）年七月二十五日に国内で発売された。

玩具メーカーのツクダオリジナル（現在はメガハウスで販売）が米ニューヨークのおもちゃショーで見つけ、国内での販売を計画。初年度は四百万個を売る大ブームに。年十万個で大ヒットといわれるおもちゃ業界で驚異的な数字を記録した。

当時、電車の中づり以外の宣伝はしなかった。売れすぎて商品不足となった事情もあったらしい。台東区のメガハウスに残る資料は、出回る偽物への対策に関する新聞記事と品切れへのわび状。当時を知る社員も、「店にない」という苦情しか記憶に残っていないという。

その後もブームは繰り返した。二十五周年の二〇〇五年は脳トレブームに乗り、インターネットを通じて普及、七十万個が売れた。〇七年には発祥地ハンガリーで世界大会があり日本人が初優勝、九十万個が売れた。

登場以来パッケージは変わっても、形や大きさ、白、青、赤、オレンジ、緑、黄の基本的な色は変わらない。同社の担当者は「おしゃれで、古さを感じさせない」とロングセラーの要因を分析する。

子どもからお年寄りまでが遊べる世代間交流の玩具で、高齢者の認知症防止にも役立つとあって、今でも一定の存在感を発揮。世界的なおもちゃだけに、映画やテレビにいつ登場するか分からず、今後もブーム到来の可能性がある。

ブームの有無にかかわらず、「多くの人に色をそろえたときの達成感を味わってほしい」と担当者。

COLLECTION 23

遊び・おもちゃ

プロマイド

Q1

プロマイドが最も人気を集めたのは、
昭和40（1965～74）年代～50（1975～84）年代だそうです。
当時はアイドルブームでもありました。
さて当時活躍した女性アイドルには、世代を超えて幅広く
人気だったピンク・レディーがいます。

**このユニット名はカクテルに由来しますが、
ベースとなるお酒は何でしょうか？**

A ウォッカ

B バーボン

C ラム

D ジン

Q2

プロマイドの売上からは、時代を彩ったスターやアイドルたちが
博した当時の人気の程をうかがうことができます。
さて、昭和の終盤を飾る昭和63（1988）年、
プロマイド販売の老舗、浅草のマルベル堂の

男女それぞれ売上NO.1の組み合わせは？

A 南野陽子　男闘呼組

B 宮沢りえ　SMAP

C 松田聖子　川崎麻世

D 薬師丸ひろ子　本木雅弘

プロマイド
クイズ
答え

Q1 D

カクテル『ピンク・レディ』のレシピはジンをベースとして、グレナデンシロップと卵白を加えたものになります。

このカクテルの名前そのものは、1912年にイギリスで上演されたミュージカルに由来しています。また、ピンク・レディーは当初、「白い風船」という名前でデビューの予定でした。しかし、デビュー・シングル『ペッパー警部』を手掛けた作曲家の戸倉俊一がバーでふと思いついたアイデアで変更になったそうです。

Q2 A

昭和63（1988）年のプロマイド売上で、女性の１位はテレビドラマ「スケバン刑事２」や「時をかける少女」（ドラマ版）で大人気となり、中山美穂、工藤静香、浅香唯とともにアイドル四天王の一人に当時数えられた南野陽子でした。

男性の１位は男闘呼組です。当時のジャニーズでは異色のロックバンドでした。デビュー前にもかかわらずバラエティ番組や映画などに出演しプロマイド売り上げ上位に入っていましたが、ついにトップとなりました。この年にはさらにレコードデビューも果たし、日本レコード大賞最優秀新人賞を受賞しています。

スターの笑顔　永遠の1枚

多くの観光客でにぎわう浅草・新仲見世にあるプロマイド専門店マルベル堂。往年のスターたちの写真がずらりと並び、通り過ぎる人たちは「うわあ、ジュリー若い！」「聖子ちゃん、かわいい！」と足を止める。同店は俳優やアイドルなどを撮影したプロマイドの専門店。プロマイドは印画紙を指す「ブロマイド」から作られた商品名だ。

プロマイドの誕生は、松竹の蒲田撮影所ができた直後の一九二一（大正十）年。最も人気を集めたのは、アイドル全盛期の昭和四十～五十年代。キャンディーズ、ピンクレディー、山口百恵、郷ひろみ……。月間売り上げランキングが雑誌にも掲載され、人気の目安とされた。同店のスタジオを多くの俳優や歌手、スポーツ選手らが訪問。これまでに約二千八百人、八万五千種類が撮影された。店長で六代目カメラマンの武田仁さんは「スマホで手軽に写真を撮れる時代になりましたが、プロマイドはカメラマンが『カメラはファンだよ』と声を掛けながら、一回一回気持ちを込めて撮っています」と話す。なるほど、手に取ると「私だけに笑いかけてくれている」と喜びが込み上げてくる。

コンサートに行く前に立ち寄る中高年、往年のアイドルの写真を「かっこいい」と買っていく若い女性、「昔は買えなかったから」と大人買いする中年男性など、現在の客層はさまざまだ。

高齢者に昔を懐かしんでもらおうと、施設などに出張したこともある。ふだんは口数の少ない人が「この人はねえ」と元気に語りだすことが多いという。

武田さんは「幅広い芸能の歴史がつまっているプロマイドを後世に残していかなくては」と力を込める。

COLLECTION 24

遊び・おもちゃ

間違い探し

なめ猫

Q

上下のイラストで異なるところを8カ見つけて下さい。

なめ猫
間違い探し
答え

反骨精神といやしのアイドル

一九八〇年代初めに一世を風靡した「なめ猫」は、キャラクター開発などを手掛けてきた津田覚さんと愛猫たちとの物語でもあった。もともとは近所の男性が捨てようとした子猫四匹を、津田さんがもらい受けたのが始まり。「生まれたばかりで目も開いていなかった。ぬれた毛をドライヤーで乾かし、粉ミルクを飲ませた」と振り返る。

津田さんは、会社にもデートにも連れて行き、寝るときも同じ布団の中だった。当時の彼女が家に忘れていった人形のスカートとワンピースで遊んでいた猫たちを見て、試しに服を着せてみた。その写真を友人たちに見せたところ「面白い。世に出した方がいい」と皆が絶賛。なめ猫が誕生した。

ツッパリスタイルの学生服を着させ、「なめんなよ」のキャッチコピーで八〇（昭和五十五）年に売り出すと、若い女性に火が付き、写真集やポスターは爆発的に売れた。子どもにも広がり、運転免許証に似せたカードは千二百万枚の大ヒットになった。人気が出る一方で、猫が立っている写真に「無理をさせている」など中傷が飛び交った。

実際はその逆だった。撮影は三日に一度ぐらいの割合で、服を着せたら十分前後で撮り終えるようにしていた。服も着やすいよう背中からシッポまでファスナーを付け、負担がかからないよう配慮した。本当はしゃがんでおり、立つように見えるのは撮影の角度によるものだった。

グッズ販売は三年ほどで休止したが、二〇〇五年に再開。一五年に発売されたLINEスタンプは、初日だけで二百万ダウンロードを記録する大ヒットとなった。現在の版権元「NAMENEKO　JAPAN」（横浜市）はアパレルなどとのコラボも展開し、再び若い世代の注目が集まっている。

人生ゲーム

Q1

ボードゲームの定番ともいえる「人生ゲーム」。
子ども時代、家族や友達と一緒に
遊んだ思い出のゲームという方も少なくないことでしょう。
さて、この人生ゲームが初めて発売されたのは
昭和43（1968）年のことですが、
この年に起きた出来事は何でしょうか？

- **A 東京オリンピックの開催**
- **B 三億円事件の発生**
- **C 日本万国博覧会（大阪万博）の開催**
- **D あさま山荘事件の発生**
- **E ビートルズの来日**
- **F 気象衛星「ひまわり」の打ち上げ**

Q2

約半世紀にも及ぶ
ロングセラーの人生ゲームは、
現在なんと7代目！
時代の流行を反映しつつ
リニューアルされてきましたが、
変わらない目標のひとつに
「お金持ちになる」というものがあります。
人生ゲームの中で使われる紙幣はドルですが、
ドルと円が変動相場制に移行したのはいつ？

- **A 昭和48（1973）年**
- **B 昭和50（1975）年**
- **C 昭和55（1980）年**
- **D 昭和63（1988）年**

人生ゲーム クイズ 答え

Q1 B

今なお未解決の三億円事件は、白バイ警察官に成り済ました犯人が現金輸送車の乗員たちを騙して、なんと車ごと現金を盗み出すという大胆な犯行でした。

ちなみにⒶ東京オリンピックは昭和39（1964）年、Ⓒ万博は昭和45（1970）年、Ⓓあさま山荘事件は昭和47（1972）年、Ⓔビートルズ来日は昭和41（1966）年、Ⓕ気象衛星「ひまわり」打ち上げは昭和52（1977）年の出来事でした。

Q2 A

それまで1ドル360円だった固定相場制から、変動相場制に移行しました。これ以降、円の価値がドルに対して高くなる円高が進むことで価格競争力にハンデを負うことになり、それまでの経済成長を支えて来た輸出が伸び悩むようになります。

また、同年には第四次中東戦争の影響で原油価格が高騰。あらゆるものの値段が高騰するインフレが起き、オイルショックと呼ばれました。

このあと、日本は高度経済成長期を終えて安定成長期へ突入していきます。経済はまさに「山あり谷あり」の人生ゲームのようです。

マス目から〝時代〟が見える

ルーレットを回して、自動車型のコマを進める。目指すはもちろん億万長者……。

子どもから大人まで夢中になれる人生ゲーム。その原型は一九六〇年に米国のミルトン・ブラッドレー社が発売した「THE GAME OF LIFE」だ。世界の二十一言語に翻訳され、日本ではタカラ（現タカラトミー）が、六八（昭和四十三）年に発売した。

「当初はほぼ英文の直訳でした。お正月やお歳暮といった日本文化を取り入れたのは八三年発売の三代目からです」。現在の発売元、タカラトミー（葛飾区）の担当者は説明する。

面白さの決め手は、シンプルかつ笑えるマス目の文句だ。「新聞や雑誌、街の会話もヒントになる。社会のムードをいかにマス目に落とし込むか。歴代のマス目を読むと、時代の流れが分かります」という。

二〇二三年、七年ぶりにリニューアル発売された「八代目」は、基本のベーシックステージに加えて、子ども時代から就職前までの時代を体験できるステージなどを組み合わせられるほか、人物ピンを六色に増やしたり、「大人気動画クリエイター」「世界的パティシエ」といった現代の子どもたちの憧れの職業も追加したりして、時代の流れに合わせたモデルとなった。

発売から半世紀以上が過ぎた。マス目の文言は進化を続けているが、初代から紙幣やルーレットなどの基本デザインは変えていない。こうした細かい気配りが、親子代々に愛されてきた理由かもしれない。

ボードを囲むと、自然と会話が生まれるのも魅力。「お父さんやお母さんから人生の話が子どもに伝えられるのがいいですよね」。担当者はそう語る。

COLLECTION 26

食品・飲料

間違い探し

マルシンハンバーグ

Q

上下のイラストで異なるところを8ヵ所見つけて下さい。

マルシンハンバーグ
間違い探し
答え

家庭で手軽に洋食を

マルシンハンバーグの軽快なCMソングに、聞き覚えのある人は多いはず。

日本初の調理ハンバーグとして発売されたのは、一九六二（昭和三十七）年。形や大きさは今とほぼ変わらず、価格は十四円だった。当時の納豆やメザシくらいの額だった。

生みの親は、マルシンフーズ（本社は当時中央区、現在は栃木県真岡市）創業者の新川有一さん。築地の魚市場で働いていた六〇年に会社を設立した。初めて食べたハンバーグに感銘し「家庭で手軽に食べられたら、きっと売れる」と製造を思いついた。

最初は鯨や豚肉、マグロの肉を使った。電気冷蔵庫のない家庭も多く、保冷程度の温度で鮮度を保つ画期的な「油脂コーティング」技術を編み出した。ハンバーグに、ラードなどの油脂を薄く塗布加工して空気を遮断してあり、傷みにくい。油が溶けだすので、フライパンで手早く焼けた。

当時は「さつま揚げのお化けかい？」とからかわれることもあったという。だが、ほどなく「手軽でおいしい」と幅広い層から支持され、ヒット商品に。七五～七七年に日産百万食を達成した。八〇年以降は本格的な食を求める人が増えたため、売り上げはピーク時に比べて減少した。それでもマルシンハンバーグは、現在に至るまで同社の主力商品であり続けてきた。

原材料は鶏肉、豚肉、牛肉が中心になったが、天然パーマにリボンを着けた「みみちゃん」を描いた白いパッケージは発売当初のままだ。

定番商品に加えて、ブラックペッパー味や野菜入りの商品を展開している。時代の変化に合わせつつも「シンプルで変わらぬ味を守っていきたい」と担当者は語る。

COLLECTION 27

食品・飲料

間違い探し

リボンシトロン

Q 上下のイラストで異なるところを8ヵ所見つけて下さい。

リボンシトロン
間違い探し
答え

きずなつなぐ商品に

シュワッとした炭酸がのどを刺激して、さわやかな甘さが口に広がる。赤いリボンがチャームポイントのキャラクター、リボンちゃんとともに親しまれているのが、リボンシトロンだ。

一九〇九（明治四十二）年の発売当初は「シトロン」という名前で売られていた。当時、ヨーロッパのビールメーカーは、ビールを発酵させる際に出るガスを利用して清涼飲料を作っていた。

それをヒントにサッポログループの前身である大日本麦酒《ビール》が考案した。当時の価格は一びん約十銭。コーヒー一杯（約二銭）に比べれば、高級飲料だった。

売れ行きが軌道に乗るにつれ、類似品が多く出回るようになり、社内から新商品名を募集。女性の間でリボンが大流行していたことから、一五年に「リボンシトロン」という商品名になった。

発売から約五十年後の五七年、テレビCMで起用するキャラクターとして「リボンちゃん」が誕生した。単純な線で描かれたかわいいキャラクターと「リボンちゃん、リボンジュースよ」というフレーズで子どもたちに親しまれた。

七六年には四百七十万ケースを販売するまで成長。二〇〇〇年代に入ってからは、グループ創業の地である北海道に販売の中心を移した。

現在は、グループのポッカサッポロフード&ビバレッジ（名古屋市）が、一九一一年に登場したオレンジ色の炭酸飲料「リボンナポリン」などとともに、北海道限定商品として販売している。パッケージデザインなどをリニューアルし、好評を博している。

「リボンブランドは幅広い世代の方に知っていただいている。家族のきずなをつなぐ商品になってほしい」と担当者は期待する。

COLLECTION 28
食品・飲料

ノザキのコンビーフ

Q1

4月6日は「コンビーフの日」とされています。
その理由は何でしょう？
次の選択肢の中からひとつ選んでください。

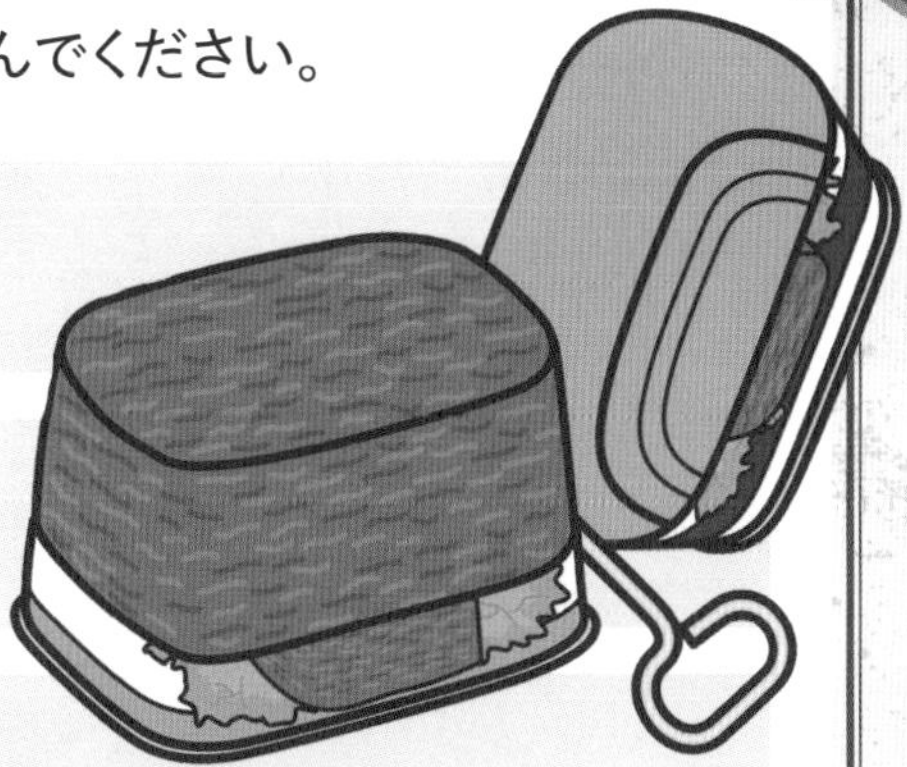

A 国産初のコンビーフ（瓶詰）の発売日だったから

B 国産初のコンビーフ（缶詰）の発売日だったから

C アメリカで「コンビーフ」の台形の缶が特許登録された日だから

D 創業者の誕生日だったから

Q2

ノザキのコンビーフを開けるときに
使っていた巻取り鍵の形は次のうちどれでしょう？

A

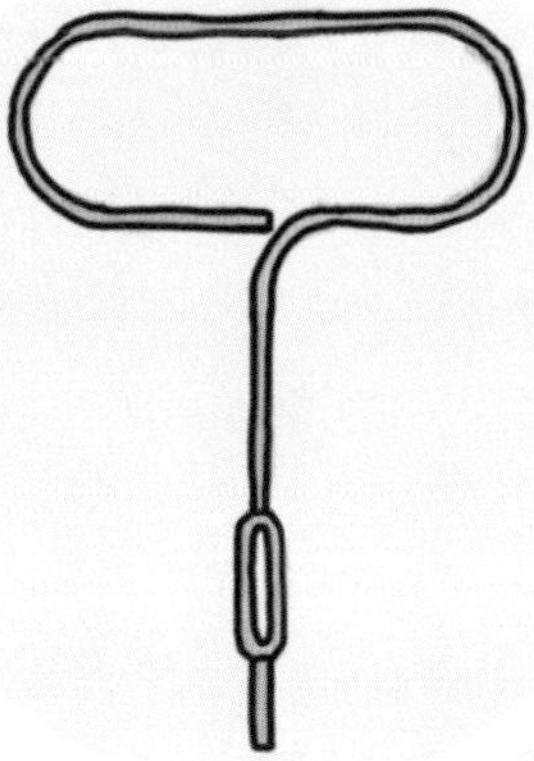

B

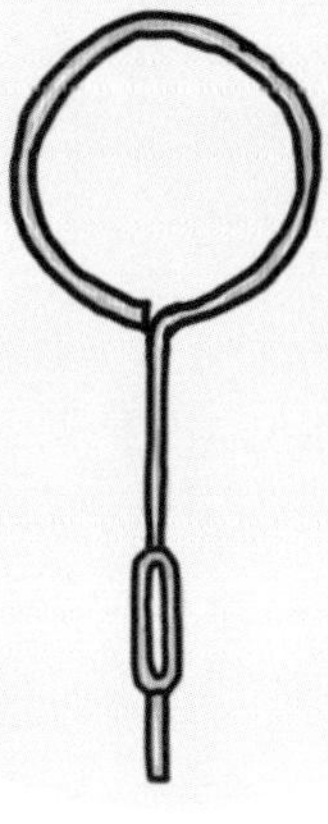

C

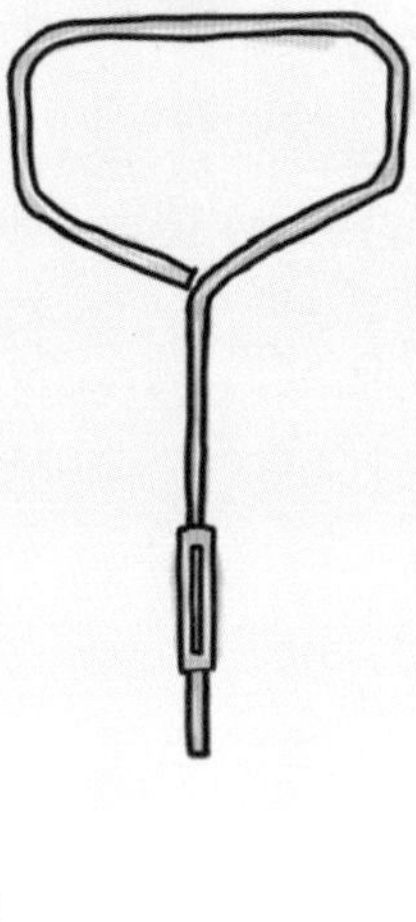

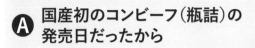

ノザキのコンビーフクイズ 答え

Q1 C

明治8（1875）年4月6日、「コンビーフ」の台形の缶（枕缶）がアメリカで特許登録されたことから、この日を「コンビーフの日」と呼ぶようになったようです。

ちなみに、国産コンビーフ第一号は瓶詰のものでした。私たちがよく知る台形の缶は江戸時代の枕の形に似ていることから「枕缶」と呼ばれ、こちらが販売されたのは瓶詰が発売された二年後の昭和25（1950）年です。

Q2 A

ノザキのコンビーフといえば、鍵でくるくると開けていく台形の枕缶がおなじみです。コンビーフが製造され始めたころ、一般家庭ではまだ缶切りは普及しておらず、誰でも簡単に開けられるようにと鍵で開ける缶が開発されました。

巻き取り爪に鍵の穴をひっかけて右方向に巻き取っていき、一周巻き取り終わるとコンビーフを取り出すことができます。約70年間続いた枕缶ですが、令和2（2020）年3月にはアルミック缶にリニューアルされました（アルミック缶は、日本国における登録商標です）。新パッケージでは、開けやすいシールの内ぶたと、プラスチックの外ふたが採用されています。

肉の酸化防ぐ台形の缶

くるくると鍵で巻き取って缶を開けると出てくるコンビーフは、野菜と炒めてもオムレツに入れても、直接かぶり付いてもおいしかった。思い出の「ノザキのコンビーフ」。登場したのは、戦後間もない一九四八（昭和二十三）年のこと。米軍が持ち込んだ輸入コンビーフを参考に、初の国産品として野崎産業（当時）が発売した。

当初は金属が手に入りにくく、瓶詰めだったが、密封するのが難しいなど問題が多く、二年後から缶詰となり台形のものを使った。面積が大きい側から肉を詰めることで、缶の中の空気が抜けて、肉の酸化が防げる。米国で考案された形状だった。

牛肉が高級品だったこともあり、一般受けするか心配する声もあったが、売れ行きは順調だった。米軍の放出品などで、コンビーフが思いのほか親しまれていた。また、塩漬けした生肉に熱を加え、さらに調味料や油脂などを配合する製法に工夫をこらし、ボリューム感や柔らかな食感を出したことも功を奏した。「何より日本人好みの味付けにしたことが良かったのだと思います」と現在販売を行う川商フーズ（千代田区）の担当者は言う。

昭和三十年代から山手線沿線などの電柱に「ノザキのコンビーフ」の名を大書した看板を設置し知名度を上げた。さらに、味はほぼ同じで馬肉を配合した廉価な「ニューコンビーフ」を発売すると、売り上げが飛躍的に伸び、七八年には年間生産数ピークを迎える。

その後、牛海綿状脳症（BSE）問題などで苦戦もしたが、味やパッケージデザインに大きな変更を加えず、伝統を守ってきた。するとレトロな雰囲気が注目されて需要も戻ってきた。現在も、根強いファンが多く、高いシェアを保ち続ける。

COLLECTION 29

食品・飲料

神州一味噌

Q1

神州一味噌のパッケージでおなじみの「み子ちゃん」。
平成29（2017）年以前は、
赤い着物に何色のちゃんちゃんこを着ていたでしょう。

Ⓐ 白色

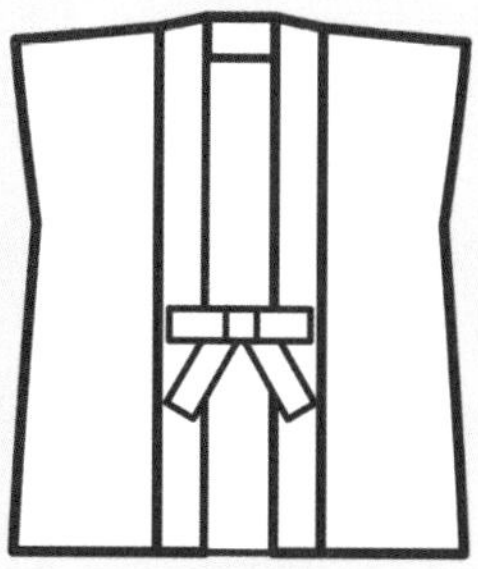

Ⓑ 赤色

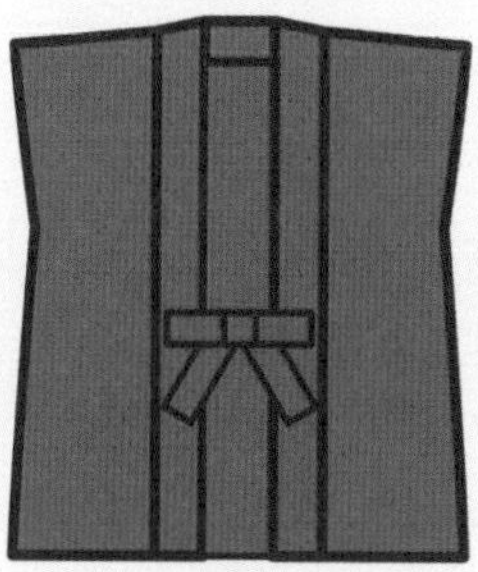

Ⓒ 黄色

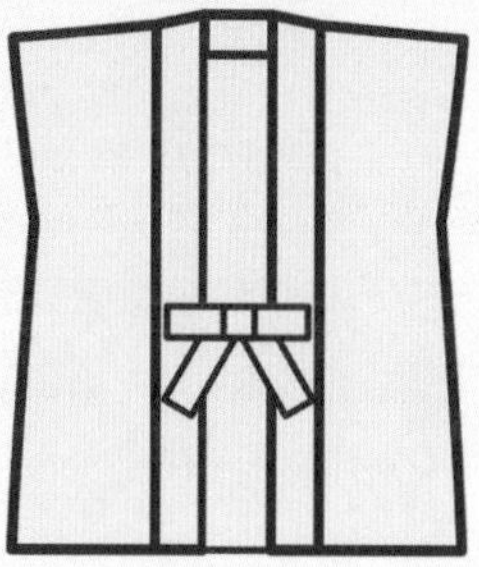

Ⓓ 紫色

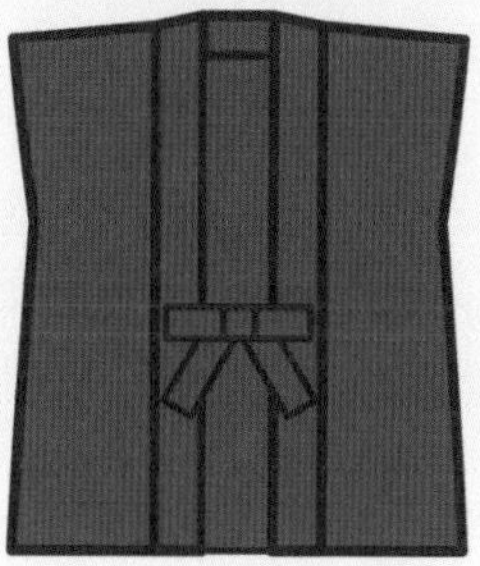

Q2

「神州一味噌」は海外で製造された味噌で初めて、
食に関するある認証を取った家庭用味噌を発売しました。
それは次のうちどれでしょうか。

Ⓐ ISO 22000

Ⓑ ハラール認証

Ⓒ 有機JAS

神州一味噌 クイズ 答え

Q1 C

み子ちゃんは昭和37（1962）年ごろから神州一味噌のパッケージやCMなどに登場しているキャラクターです。

赤い着物に黄色いちゃんちゃんこ、お花の髪飾りがトレードマークです。発売から60年以上、味噌の良さを伝えるキャラクターとして活躍しています。

平成29（2017）年には社名を変更したことをきっかけに、み子ちゃんの服が、「ちゃんちゃんこともんぺ」から「着物と袴」に変わりました。

Q2 B

神州一味噌は、海外で製造された味噌で初めて、独自の製造技術で家庭用味噌の開発を行い、インドネシア認証機関でハラール認証を取得。平成28（2016）年にインドネシア国内で発売を開始しました。ハラール認証食品とはイスラム法で食べることが許された食べ物のことを言います。イスラムでは「豚肉」と「アルコール」は全面的に禁じられています。選択肢の「ISO 22000」は「食品安全マネジメントシステム（FSMS）」に関する国際規格です。「有機JAS」は日本の制度。有機農産物や有機加工食品に認証マークを付与するものです。

伝統の味　プロも愛用

赤い着物姿のかわいらしい女の子が印象的な神州一味噌「み子ちゃん」は、宮坂醸造（現社名は信州一味噌）から発売された。きっかけは、その数年前に登場した同社の人気キャラクターの愛称を公募したこと。味噌と宮坂醸造の頭文字を取った「み子ちゃん」に決まると、それを商品名とし、画家の西原比呂志さん（故人）が描いたイラストをラベルにあしらった。

同社は、一六六二年に造り酒屋として長野県諏訪市で創業した老舗だ。大正時代に味噌造りを始めたことをきっかけに東京に進出して、都内をはじめ関東を中心にシェアを広げていった。一九五二年には、大学の研究者からヒントを得て、ビタミンエキスを入れた味噌を発売。さらに量り売りが一般的だった時代に、他社に先駆けてパック詰めした商品を売り出した。

み子ちゃんが登場してからは、テレビCMも積極的に展開した。知名度が上がり、売り上げも伸びた。昭和四十年代には「本社工場の前に商品待ちのトラックが列を作っていました」と、往時を知る担当者は語る。その後もフリーズドライ製法にいち早く取り組んだほか、み子ちゃんシリーズをはじめとするさまざまな商品を展開してきた。日本人の洋食志向が高まったこともあり、味噌の需要が減っている中、米国や中国など、海外での展開も行う。

み子ちゃんはロングセラー商品として、熟練した職人が製造するなどして伝統を守っている。二〇〇七年にテレビCMは終了したが、長年にわたる愛用者も多い。「素材を引き立てるやさしい味わいなので、全国の方々の口に合うと思います。だしの味を生かせる、とプロの料理人にも愛用していただいています」と、担当者は胸を張る。

COLLECTION 30

食品・飲料

チェリオ

Q1

これまでに発売されてきた瓶入りチェリオには
様々な味があります。
**次のうち販売されたことがない味は
どれでしょうか？**

Ⓐ オレンジ

Ⓑ グレープフルーツ

Ⓒ アップル

Ⓓ 梨

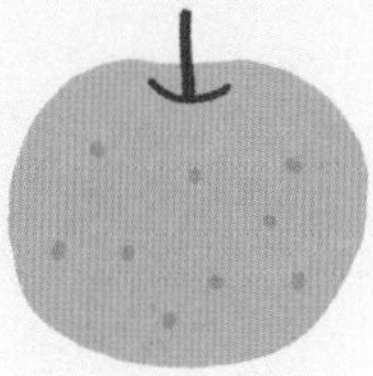

Ⓔ メロン

Q2

瓶入りのチェリオが駄菓子屋や自動販売機で
売られていた当時、とある商品と並べて売られていました。
その商品とは次のうちどれでしょうか？

Ⓐ コカ・コーラ

Ⓑ セブンアップ

Ⓒ マウンテンデュー

Ⓓ ペプシコーラ

チェリオ クイズ 答え

Q1 D

現在瓶入りのチェリオの発売は終了してしまいましたが、これまでに多くの味が登場しました。

グレープ味とオレンジ味で登場したチェリオシリーズはその後、メロン、アップル、グレープフルーツ、イチゴなどの味を増やしていきました。

また、フルーツ系だけではなく、コーラ味が瓶入りで発売されていたこともありました。

Q2 B

チェリオの販売会社はもともとアメリカの飲料「セブンアップ」の製造・販売を行っていました。

そのため、瓶入りチェリオはセブンアップと並べて売られていることが多かったのです。

瓶入りチェリオといえば、持つ所が波打つ形状が特徴的でした。内容量も200mlが主流だった当時としては珍しく、他製品と同価格で296ml。

この296mlというのはアメリカンサイズの10oz（オンス）と同量で、当初のチェリオが、セブンアップ社の飲料「ハウディ」の名称だけを変更したことに由来しています。

波打ち瓶と1・5倍量で魅了

暑い夏の部活帰り、みんなで飲むのは、量がたっぷりの「チェリオ」と決まっていた。渇いた喉に炭酸の刺激が心地よかった。

チェリオは一九六七（昭和四十二）年に誕生した国産の炭酸飲料。開発したのは、当時レモンライム味の炭酸飲料「セブンアップ」を扱っていた全国五カ所の業者だ。いろいろな味がある「ファンタ」などの流行を見て、米国のセブンアップ本社に、同社の味付き炭酸飲料「ハウディ」の販売許可を申請した。

すると、「名称を変えれば、瓶のデザインも、原液も同じものを使っていい」との回答が来た。早速英語で「乾杯」を意味する「チェリオ」の名称を考案したが、気候の違いからか、購入した原液が傷んで使いものにならなかった。そこで、各業者がそれぞれ香料を調合した原液を作って、グレープ味とオレンジ味の「チェリオ」を発売した。

このため、当初は、地域によって微妙に味が違っていたという。一方、米国のデザインを踏襲した約三百ミリリットルの瓶は、当時市販されていた飲料の約一・五倍の容量があった。それが同じ値段で飲めるとあって、育ち盛りの若者たちが飛びついた。

その後も、時代に合わせて、リンゴ味やイチゴ味を出しながらロングセラー化した。長年のノウハウを生かして「日本人の好みに合わせた味」を保つ。八〇年にチェリオジャパン（東京都千代田区）が一手に販売を行うようになり、「ライフガード」などのヒット飲料も生んだ。

ペットボトルの商品が主流になった二〇一〇年代に、瓶の波打った形状を模したデザインに変更し、売り上げが大きく伸びたこともある。「若いころ飲んだ記憶がよみがえる、と言っていただけたことがうれしい」と、担当者は笑みを浮かべた。

COLLECTION 31

食品・飲料

クリープ

Q1

コーヒーの苦みや酸味を抑えて、
まろやかな味わいにしてくれる「クリープ」ですが、
主な原料は「牛乳」を加工した乳原料です。
牛乳の生産量が日本で最も多い都道府県は北海道。では、二番目に多いのは、
どこでしょう?

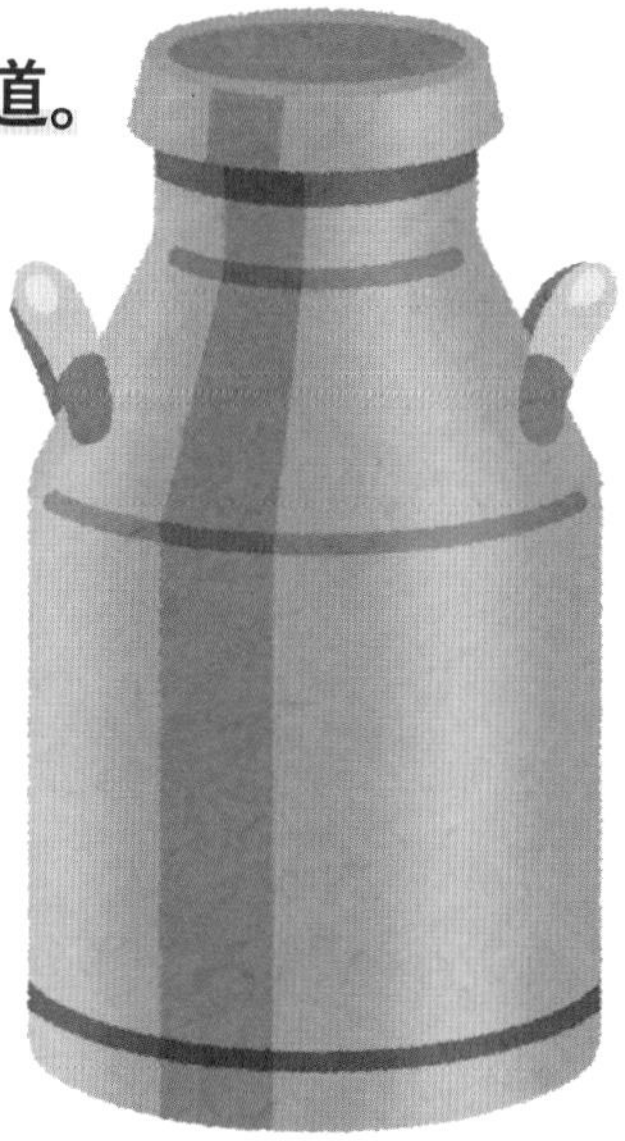

- A 栃木県
- B 岩手県
- C 茨城県
- D 神奈川県

Q2

インスタントコーヒーによって、
家庭でも手軽にコーヒーを飲めるようになり、
コーヒーは日本で広く親しまれるようになっていきました。
では、**インスタントコーヒーを国内で初めて生産した会社**は、次のうちどの会社でしょう?

- A 味の素株式会社
- B ネスレ日本株式会社
- C 森永製菓株式会社
- D 日本コカ・コーラ株式会社
- E 森永乳業株式会社

クリープ クイズ 答え

Q1 D

牛から搾乳された「生乳」は、牧場から牛乳工場へ運ばれ、検査や加熱殺菌などの工程をへて「牛乳」となります。牛乳の生産量が多いのは①北海道②神奈川県③茨城県の順。（令和３年、農林水産省「牛乳乳製品統計調査」による）

栃木県や岩手県は、生乳の生産量は多いものの、牛乳となると全国ベスト３には入りません。

ちなみに酪農王国の北海道は、生乳、牛乳ともに生産量全国トップです。

Q2 C

日本で初めてインスタントコーヒーを生産したのは、同じ森永でもクリープを作っている森永乳業ではなく、森永製菓という会社です。昭和35（1960）年のことでした。

嗜好品としてコーヒーが庶民に定着していった背景には、この「森永製菓」と「森永乳業」というふたつの兄弟会社の製品が重要だったのです。

ちなみに、森永乳業がクリープを発売したのは、その翌年の昭和36（1961）年のこと。高度経済成長期の真っただ中で家庭のエネルギーも石炭からガスへと変化するなど、国民生活が豊かで便利なものになっていく時期でした。

粉末で唯一、乳製品が原料

子どものころ、家の戸棚にはいつもクリープの黄色い瓶があった。クリープを入れる量でコーヒーの風味が大きく変わるのが楽しくて、いろいろ試した思い出がある。

クリープが森永乳業から発売されたのは一九六一（昭和三十六）年。その十年前から研究は始まっていた。米の論文にヒントを得て、代表取締役専務（当時）の大野勇さんがコーヒーに入れる生クリームを粉末化する技術の開発に着手、二年後には市販できる水準に達した。だが当時コーヒーは家庭に浸透しておらず、時期尚早ということでいったんお蔵入りに。

ところが六〇年に国産のインスタントコーヒーが登場し、一気にコーヒーが身近な飲み物になった。苦みをやわらげるために、牛乳を入れることがはやった。そこに満を持して登場したクリープ。手軽に生クリームの風味を楽しめる上、コーヒーの味が薄まらず、冷めにくいのが受けてヒット。大量生産できる独自の製造機械を開発するまで、増加する需要に応えるために綱渡りの日々が続いた。

乳製品が原料のライバル商品もいくつか登場したが、長続きはしなかった。ところが七〇年前後から植物製油脂を原料とした商品が登場、健康志向もあり市場に定着した。価格競争も起こったが、それには乗らず、品質を維持し続けた。さらに九〇年前後から、粉末クリームとしては唯一、乳製品からできていることを強調すると、売り上げも大きく増加した。

現在も、ホームページ上でクリープを使ったホットカプチーノやスイーツなどを提案し、好評を博している。「今までご愛顧いただいてきた方々と同時に、若い方にもクリープの魅力をアピールし続けていきたいです」と担当者は言う。

COLLECTION 32

食品・飲料

間違い探し

ボンカレー

Q

上下のイラストで異なるところを8ヵ所見つけて下さい。

ボンカレー
間違い探し
答え

食卓変えた『3分待つ』

アルミ箔《はく》の袋をお湯が沸騰する鍋に入れる。三分後に食卓に漂うスパイシーな香り。漫画の神様、手塚治虫さん（故人）が描いた天才医師ブラック・ジャックは言っていた。「ボンカレーはどう作ってもうまいのだ」

　一九六八（昭和四十三）年、大塚食品（旧大塚食品工業：大阪市）が世界初の市販レトルト食品として発売した。そのヒントは、米国のパッケージ専門誌にあった。ソーセージを真空パックにした軍用携帯食が紹介されており、その技術とカレーの組み合わせを考えついた。「お湯で温めるだけ、誰でも失敗しない」を合言葉に四年がかりで開発した。

　発売当時、うどんが五十円、ボンカレーは八十円。まだ高級感があったが、三分間温めるだけという便利さが高度経済成長の波に乗り飛ぶように売れた。七三年には年間一億食を販売。一つの家族で父親は辛口、母親は中辛、子どもは甘口と個食化も促し、食卓の風景をがらりと変えた。全国発売に踏み切った六九年、社員はボンカレーの宣伝に起用された女優松山容子さんがほほ笑むほうろう看板と工具をかついで電車を乗り継ぎながら、一日十五枚を取引先の小売店などの壁や塀に取り付けるのがノルマだったそうだ。

　安さと便利さばかりが強調されがちだが、「ジャガイモの芽取りは手作業。保存料も一切使ってません。もともと大塚グループによる滅菌技術も応用されましたからね」と担当者は語る。

　ボンカレーの袋は当初、中身が見える透明のものだった。六九年にアルミ箔を使用した袋に改良されてからは賞味期限が二年に。最長寿のレトルトカレーブランドとしてギネス世界記録に認定されたボンカレー。その半世紀以上に及ぶ歴史は、たゆまぬ改良の上で成り立っている。

Q1

昭和50（1975）年に発売されたマミー400cc紙パックの箱の
絵柄に描かれていない動物はどれでしょうか？

Ⓐ ライオン

Ⓑ ゾウ

Ⓒ キリン

Ⓓ カバ

Q2

マミーが発売された当初、
マミーの量は何cc入りでしたか？

Ⓐ 200cc
Ⓑ 120cc
Ⓒ 65cc
Ⓓ 90cc

森永マミー クイズ 答え

Q1 B

発売当時のパッケージにはゾウではなくウサギが描かれていました。

現在パッケージに登場するキャラクターは6匹に増えており、それぞれに公募で決まったユニークな名前が付けられています。この6匹の他にホームページ上や過去のパッケージに登場したキャラが実は2匹いたそうです。

この２匹のキャラの名前や姿を覚えている人はかなりのマミー通かもしれません。

Q2 D

当時の学校給食の牛乳瓶は基本的に200cc入りでした。牛乳が苦手な人には多く感じられたという声も耳にします。

昭和40（1965）年に発売された瓶入りマミーは、90cc。子どものお腹には丁度良い量だったのかもしれません。

同時期に販売されていた乳酸菌飲料の瓶にも90ccがよく使われていました。

余談ですが、瓶の紙フタをめくってアタリが出るともう一本というキャンペーンを展開していた乳業系の会社もあったようです。

世代超え記憶重なる風味

その褐色の飲み物は幼少時の憧れだった。後をひく甘酸っぱい風味は、飲んでからもしばらく、楽しい気分にさせてくれた。

森永マミーは一九六五（昭和四十）年に発売された。当時、日本は高度経済成長期に入っており、世の中には、嗜好《しこう》品を求める余裕が生まれていた。その流れを受けて清涼飲料水全般の売り上げが、大幅に伸びていた。

時代の流れを見た森永乳業（港区）は六三年に乳酸菌飲料を発売。二年後、社内での愛称「マミー」の名を冠して本格的に売り出した。

甘酸っぱく、「おなかにやさしい」ことが老若男女を問わず人気を呼んだ。メディアを使ったキャンペーンなどの販促活動も功を奏し、ヒット商品となる。飲料業界でも乳酸菌ブームが起き、翌年には約十五銘柄が市場に出回った。それが五年後には約三分の一にまで淘汰《とうた》される激しい競争となったが、「マミー」は生き残った。

八一年、宅配を行う販売店用の瓶と並行して、量販店向けの紙パックも発売する。動物のキャラクターを描くなどデザインも大幅に変更した。登場時に子どもだった世代が、親になるころ。モデルチェンジにより「次世代への継承」が実現し、人気を維持し続けてきた。

発売から半世紀以上。ほぼ四世代にわたり飲まれてきた。現在は「森永マミー　Wの乳酸菌」（九百ミリリットル）と「森永マミーL」（二百ミリリットル）の飲料二種類を販売中。親子はもとより、幅広い世代に親しまれている。

市場調査を繰り返し、細かな味の変更をひんぱんに行っている。「ただ『あの味』から、外れない範囲です」と担当者が言う通り、今飲んでも、幼少時の記憶と変わらぬ、やさしい風味が口中に広がる。

赤玉ワイン

Q1

「赤玉ポートワイン」シリーズの一つ「赤玉パンチ」のテレビCMでは鳳蘭《おおとりらん》さんの歌うCMソングのインパクトが話題となりましたが、**「赤玉パンチ」のCMソングを歌った人は、鳳蘭さんの他にもいました。**

次のうち誰でしょう？

- **A 沢田研二**
- **B 安全地帯**
- **C CHAGE and ASKA**
- **D 松田聖子**

Q2

日本のワインの消費量は明治大正から昭和初期にかけ、さほど大きいものではありませんでした。

しかし、戦後のある年を機に消費が大きく伸び、ある年を酒造メーカーなどでは「ワイン元年」として記憶しているそうです。

このワイン元年は、どんな時代だったのでしょうか？

- **A 家電の三種の神器の登場や東京オリンピックが開催された高度成長期の昭和30年代**
- **B 大阪万博の開催、GNP（国民総生産）が世界第二位になるなど経済大国化した昭和40年代**

- **C 高度経済成長期が一段落した昭和50年代**
- **D バブル景気に沸いた昭和60年代。イタ飯など、海外の食事もこのころに多く定着した**

赤玉ワイン クイズ 答え

Q1 B

'80年代、「赤玉パンチ」のテレビCMでは、安全地帯の「ワインレッドの心」が使われました。このCMの最後に流れる「いのち短し　恋せよ乙女　青春の赤玉パンチ」というコピーも印象的でした。

ちなみに沢田研二は「あなたに今夜はワインをふりかけ」、CHAGE and ASKA「恋人はワイン色」、松田聖子「ローゼ・ワインより甘く」など、他の選択肢の三人もワインを使ったタイトル曲をそれぞれ歌っています。

Q2 B

ワイン元年とは、売上前年比1.6倍を記録した昭和48（1973）年のことで、昭和45(1970)年に開かれた大阪万博(日本万国博覧会）の影響などを受けたのだと考えられています。

その後に起きたワインブームとともに国産ワインの出荷量も増加。国民生活に変化をもたらしました。

昭和40年代は高度経済成長も終盤に入ろうとしている時期。ガムシャラに働くだけでなく、その豊かさを享受できるようになったということなのでしょう。また、食習慣含めて海外の多様な価値観を吸収していく余裕も、このころ生まれたものかもしれません。

激動の100年　ともに歩く

♪男には飲ませるな～飲めばますますつけ上がる～

なんて挑発的なCMソング。一九七九（昭和五十四）年、元宝塚トップスターの鳳蘭さんが主演したテレビCMは鮮烈だった。

真っ赤な太陽を思わせるラベルの赤玉。サントリー（大阪市）の創業者・鳥井信治郎氏が〇七（明治四十）年、「日本人の味覚に合うワイン」を求め、甘味果実酒「赤玉ポートワイン」の名で売り出したのが始まりだ。適度な甘みと酒精分が必要と、スペインから輸入したワインをもとに試作を重ね、ブドウ由来の甘みを加えて和製ワインができた。当時は米四升分の三十八銭もする高級品だったが、斬新な広告などが話題になり、ロングセラーとなった。

戦後も関税がまだ高く、洋酒が珍しかった時代、赤玉はトリスウイスキーなどとともに酒席には欠かせなかった。一方で、四十年代は大阪万博などを経て、日本経済が一気に豊かになった時代でもある。海外旅行が身近になり、洋酒が安く手に入るようになった。人々がいろんなお酒を飲むようになり、西洋への憧れを体現してきた赤玉はその役割を終えていったともいえる。

二〇〇七年に誕生から百周年を迎えた際に取ったアンケートには二万七千通もの応募があった。そこには懐かしい「思い出」が記されていた。「高度成長期に飲みながら同僚と日本の将来を熱く語りあった」と記した元サラリーマンや、「戦地で軍機が不時着し、積み荷の赤玉を飲んで救援を待った」と、第二次大戦中の思い出を寄せた人も。

激動の昭和を見つめてきたお酒。実は、製法や味は時代ごとに変えてきたそう。最近は「赤玉スイートワイン」の名称で販売、サングリアやホットワインとして楽しむ飲み方も、同社は提案している。

COLLECTION 35
食品・飲料

あさげ

Q1

永谷園のインスタント味噌汁「あさげ」には、
三つの具材が入っています。それらは何でしょうか？
次の選択肢から三つ選んでください。

Ⓐ 豆腐
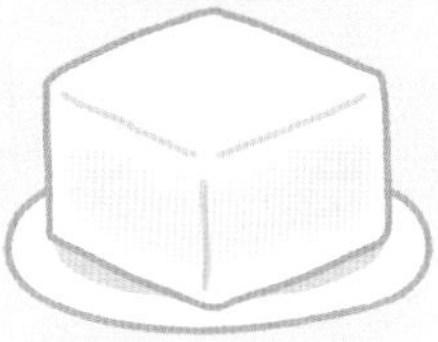

Ⓑ 麩《ふ》

Ⓒ 海苔

Ⓓ ねぎ

Ⓔ わかめ

Ⓕ 油揚げ
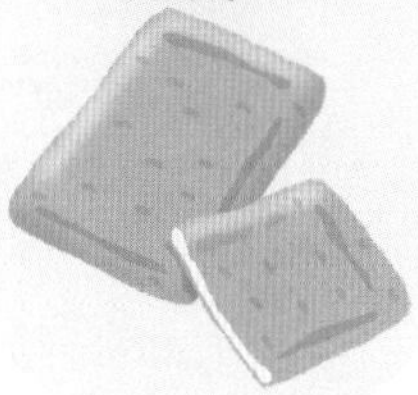

Q2

永谷園のインスタントみそ汁のブランドは
「あさげ」のほかに「ひるげ」「ゆうげ」があり、
それぞれ使われている
味噌の種類が異なっています。
どれがどの味噌か、組み合わせを考えてください。

Ⓐ 白味噌

Ⓑ 合わせ味噌

Ⓒ 赤味噌

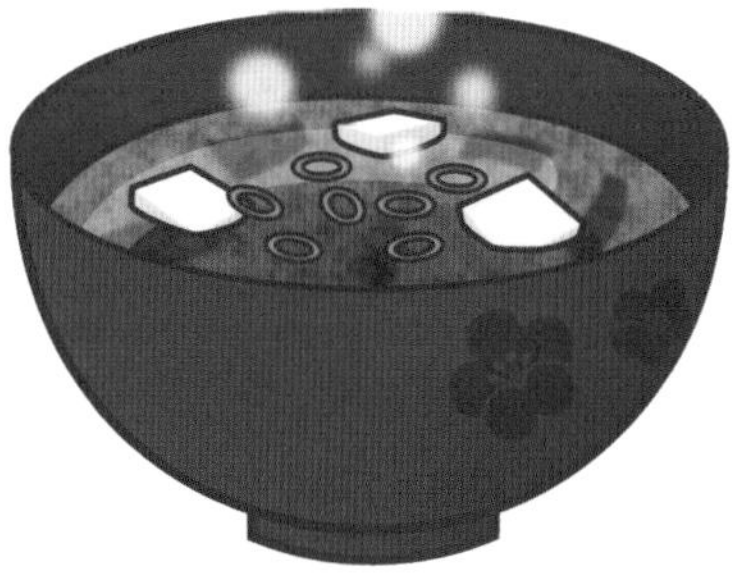

あさげ クイズ 答え

Q1 B、D、E

永谷園は他社に先駆け、風味が損なわれないフリーズドライ（真空凍結乾燥）製法でインスタント味噌汁を開発しました。具材は麩、わかめ、ねぎの三つ。これらは、その後の生みそタイプなどの商品にも引き継がれています。

現在はさまざまなタイプがあり、具材も増えています。コンビニなどで販売されているカップタイプでは「あさり」「海苔」「なめこ」「とん汁」「たっぷり野菜」などがあります。

Q2 あさげ：B ひるげ：C ゆうげ：A

味噌は大豆、麹、塩から作られていて、麹によって味噌の種類が変わります。米麹なら米味噌、大豆麹なら豆味噌となります。

「あさげ」に使われているのは、２種類の米味噌をブレンドした合わせ味噌で、赤みがあります。赤だしの「ひるげ」は豆味噌で、濃い褐色。「ゆうげ」は白味噌で、淡色系の米味噌です。

味噌の好みは地方によって異なります。永谷園は昭和49（1974）年に「あさげ」を発売すると、50年に「ゆうげ」、51年に「ひるげ」を立て続けに発売。幅広い消費者のニーズをつかむことに成功しました。

「日本の味」どこでも手軽に

「あさげ」は一九七四（昭和四十九）年に発売された。当時、即席みそ汁はすでに市場に出回っていた。しかし、主な製法だった熱風乾燥で作られた粉末は、ともすると焦げた風味が出てしまい、人気はいまひとつだった。それでも、日本人の食卓に欠かせないみそ汁の「できたて」を手軽に味わいたいという人は多い、とみた永谷園（港区）は、品質の良い商品の開発に着手した。

まず「さけ茶づけ」で七〇年にいち早く実用化した、食品を急速に冷凍するフリーズドライ製法を採用し、風味を落ちにくくした。さらに全国のみそ汁を調べ、誰もの口に合うよう、合わせみそと鰹のだしの組み合わせに。具は定番で人気も高い、わかめとわけぎと麩にした。

あさげは、約一年かけて製品化。一般的な商品が一食分十円だったのに対して四十円という高価なものになったが、すぐにヒットした。人気落語家、柳家小さんが出演したＣＭも話題を呼んだ。勢いに乗り、翌年に白みそ仕立ての「ゆうげ」、翌々年に赤みそ仕立ての「ひるげ」を発売し、シリーズがそろった。

その後、八五年には生みそタイプ、八八年にはコンビニに置くためのカップタイプを登場させるなど、改良や新展開も行ってきた。ライバル商品も多い中、即席みそ汁の中でトップのブランドシェアを誇る。

一貫しているのは、手作り感の追求。「家庭の数だけみそ汁の味があると思っています。その中で、皆さまからおいしいと言っていただける『懐かしい味』を目指しています」と担当者は言う。

弁当のお供などが定番の使われ方だが、他にも「海外に住む娘に送りたい」と、大量に注文する人も。長年の愛好者も多いが、近年は登山のお供として人気を博すなど、さまざまな場面で愛好されている。

COLLECTION 36

お菓子

間違い探し

ナボナ

Q

上下のイラストで異なるところを8ヵ所見つけて下さい。

ナボナ
間違い探し
答え

王貞治さんとともに大飛躍

「ナボナはお菓子のホームラン王です」。かつて読売ジャイアンツのスター選手だった王貞治さん（現福岡ソフトバンクホークス取締役会長）がテレビCMで放ったフレーズで、大ヒットした銘菓ナボナ。お笑いや漫画のネタにもなり、首都圏だけでなく全国的に親しまれている。

口どけやさしいクリームと、ソフトカステラのハーモニー。東京みやげや贈答用として人気を誇るナボナはスイーツの街・自由が丘発祥の亀屋万年堂（横浜市）が生みの親だ。

東京、神奈川に多くの店舗を構える同社は、和菓子店として一九三八年にスタート。その後、来客の要望を受けて洋風菓子も手掛け、六三(昭和三十八)年にナボナが誕生した。創業者の引地末治さん（故人）が、洋菓子の「ブッセ」を手本に『洋風どら焼き』を目指して作った。ふんわりしっとりと焼き上げた生地に、なめらかなクリームが挟まれている。

担当者は「子どもからお年寄りまで幅広く支持され、四季を通じてお買い求めになる常連さんも多い」と息の長い人気を語る。

王さんのテレビCMは六七年から放映された。その効果で、ナボナは飛ぶように売れた。本塁打の量産に呼応してナボナも増産を続け、六九年に製造ラインを備えた横浜工場を新設した。横浜工場では、一時間に一万三千個以上のナボナを製造。四十年で四億五千万個を売り上げた。

今も生地の小麦粉や製法、クリームなどの改良を重ねる。季節や店舗限定の商品も多彩に展開、人気を呼んでいる。CM放映は九九年を最後に終了したが、同社のホームページには、王さんの対談記事が現在も掲載される。

「より遠くへ」と血のにじむ努力で本塁打を量産した王さんと同様「よりおいしい商品に」と味に苦心を重ね、ロングセラーとなった。

COLLECTION 37

お菓子

間違い探し

サクマ式ドロップス

Q

上下のイラストで異なるところを8カ所見つけて下さい。

サクマ式ドロップス間違い探し 答え

口に広がる甘酸っぱい記憶

そのドロップ缶には、やさしい母との思い出が詰まっていた。幼い節子は、空襲で死んだ母の面影を探し、泣きじゃくる。でも、ドロップをなめれば、笑顔が戻った。

ドロップがなくなると兄の清太は水やおはじきを缶に入れた。飢えで衰弱した節子は、意識がもうろうとする中、おはじきを取り出してなめた。「にいちゃん、おおきに……」。そんな言葉を残し節子は旅立った。

戦火の中を二人で生き抜こうとする兄妹を描いた一九八八年公開のアニメ映画『火垂るの墓』で、缶ドロップは重要な小道具として登場する。野坂昭如さん（故人）の原作にはドロップの商品名は書かれていなかったが、映画では、戦時中、実際に売られていた「サクマ式ドロップス」と描かれた。

「当時、缶ドロップといえば『サクマ式』ということで、使ってもらったようです」。二〇〇八年の取材時、佐久間製菓の横倉信夫社長は、いきさつをそう説明していた。

サクマ式ドロップスは一九〇八（明治四十一）年、創業者の佐久間惣治郎が国産初のドロップとして売り出した。以来、果汁入りの甘酸っぱい味が子どもたちに親しまれ続けてきた。缶入りであることも息の長い人気の秘訣だった。「カラカラうるさいし、缶はある意味で不便。でも、あの音に思い出があるという人もいる」と横倉さん。

菓子としての「ドロップ」の語源は、「フルーツの滴」。缶の中には、甘酸っぱい思い出も涙の滴のような記憶も詰まっている。「皆さんそれぞれに思い出を抱かれているようです」

残念ながら佐久間製菓は二〇二三年に廃業し、サクマ式ドロップスは消滅した。一方、別会社のサクマ製菓が製造販売する緑色の缶「サクマドロップス」は健在だ。

COLLECTION 38

お菓子

ライオネスコーヒーキャンディー

Q1

ライオネスコーヒーキャンディーのCMソングは
多くの耳に残るものでした。
それを歌い、**「CMソングの女王」と**
呼ばれた人は誰でしょう？

1. 楠トシエ
2. 天地総子
3. のこいのこ

Q2

「ライオネスコーヒーキャンディー」の
以前のパッケージです。「？」には
何のイラストが描いてあるでしょう？
ヒント：「コーヒー○○」

ライオネスコーヒーキャンディークイズ 答え

Q1 2

歌手で女優の天地総子さん（故人）はほかにも、昭和37（1962）年に発売されたロート製薬の胃腸薬「パンシロン」や「出前一丁」など2千曲を超えるCMソングを歌いました。

ちなみに、選択肢にあるほかの２人も昭和時代に活躍した「CMソングの女王」です。楠トシエさんは日本酒「黄桜」のCMソング「かっぱ黄桜」、のこいのこさんは「エバラ焼肉のたれ」などで知られています。

Q2 コーヒーミル

「ライオネスコーヒーキャンディー」が発売された昭和当時、コーヒー豆を使ったお菓子は画期的でした。コーヒーを飲む人は限られていて、コーヒー豆は高価だったからです。

「本物のコーヒーの味と香りを」―。かつてないキャンディーづくりは難航しました。試作を繰り返ししながら、キャンディーに適した豆を探しあて、独自の製法を考案したのです。

現在のパッケージは、コーヒーカップとコーヒー豆が描かれています。「香り豊かな伝統の味」のキャッチフレーズは変わっていません。

本格的な香ばしさ

赤い勾玉《まがたま》型の植物文様・ペーズリー柄を基調にしたパッケージと、一個一個がひねり包装されたほろ苦いコーヒーの風味は、大人の雰囲気を醸し出していた。

思い出のライオネスコーヒーキャンディーは一九六四(昭和三十九)年、現在製造販売を行うライオン菓子(文京区)の前身、篠崎製菓から発売された。「コーヒー一杯のおいしさを一粒のキャンディーにできないか」。社長の篠崎新太郎さん(故人)の一言が開発のきっかけだった。コーヒーの風味を出すために試行錯誤を繰り返した。コーヒー粉末を独自にブレンドし、水飴《みずあめ》に投入するタイミングをぎりぎりまで遅らせ、熱で風味が損なわれないようにした。ほかにもカラメルを使って香ばしさを増すなどの工夫をこらし、完成に至った。

当時の同社の看板商品は、バターをふんだんに使った「ライオンバターボール」。滋養を強調するためパワフルな百獣の王を名前に冠していた。そのヒット作の系譜に連なる自信作だった上に、「家族の買い物の決定権を持つ」女性をターゲットにしたことで、メスの「ライオネス」を名前に付けた。

値段が高めだったこともあり当初の人気は今ひとつだったが、社員が団地や洋裁学校の前で試供品を配るなど地道な販促活動を行った。昭和四十年代前半からテレビCMを流すと、人気が沸騰した。

原料の配合やデザインは発売時からほとんど変えずに人気を保ってきた。低カロリーの商品に人気が集まる今も、ふくよかな甘みを好むユーザーは多い。担当者は「懐かしい味と言っていただくこともよくある。コーヒーの風味をしっかり出した本格的な味を守り続けてきたことがロングセラーの理由でしょうか」と分析する。

COLLECTION 39
お菓子

パラソルチョコレート

Q1

昭和31（1956）年に発売されたパラソルチョコレート。
昭和50年代に放映されたテレビCMでは、
女の子が誰かと
パラソルチョコレートを食べる描写があります。
それが誰か、一つ選んでください。

A 魔女

B 戦士

C 忍者

D 女神

Q2

不二家は昭和29（1954）年、パラソルチョコレートのほかに、
もう一つのヒット商品となるお菓子を発売しました。
それは次のうちどれでしょうか？　一つ選んでください。

A ルックチョコレート

B ホームパイ

C ミルキー

D ネクター

E ポップキャンディ

パラソルチョコレートクイズ
答え

Q1 A

このCMを覚えている年配の方は多いのではないでしょうか。歌も印象的で、お茶の間に浸透していきました。

魔女はパラソルチョコレートにまたがり、空を飛びながら女の子の元にやってくる。そこで、２人は仲良くパラソルチョコレートを食べる。すると、大事な道具をなくした魔女は、おうちに帰れなくなってしまう―。

そんなストーリー仕立てで、チョコのおいしさをPRしたのでした。

Q2 E

「パラソルチョコレート」も「ポップキャンディ」も、手で持つスティックがついているのが特徴です。

ポップキャンディは当初、スティックをさすなどの工程が手作業で行われていました。大量生産には機械化が必須です。一方、スティックがプラスチック製だったため、安全性を考えて紙製にすることも決めました。いずれも困難な課題でしたが、昭和30年代後半、紙製スティックでの量産が本格的に始まりました。

ポップキャンディは最初はばら売りで、１個５円。しばらくして家庭用の袋詰めの商品も発売され、定番おやつになっていきました。

傘ずらり　菓子屋彩る

さまざまな色合いの傘が並んだディスプレーは、菓子屋の中でもひときわ鮮やかでしゃれていた。手に取って包装紙をはがしていくと、甘いチョコレートが姿を現した。

子ども心を魅了してきたパラソルチョコレートは、一九五四（昭和二十九）年に不二家（文京区）が発売した。同社は、その三年前に売り出した「ミルキー」のヒットを受けて、子どもが親しみやすい自動車などの形状のチョコレートを発売していた。中でもパラソルチョコレートの人気は突出していた。

「傘がずらりと並ぶディスプレーの華やかさもあって、お客さまが手に取っていただきやすかったのでしょう」と担当者は話す。発売当初は同社の店舗を中心に販売していたが、ほどなく小売店を通して全国展開した。

好評を受け、鉛筆型の「チョコえんぴつ」などのシリーズ商品も登場、パラソルチョコレートも大型のタイプを出すなどした。

「見た目の楽しさと同時に、柄の部分を持って、小さい子でも食べやすい上に、お出かけの際にも手を汚さずに食べられるところも大きかったと思います」と担当者は分析する。実際、チョコレートに棒をつけるアイデアを踏襲した「ペコポコチョコレート」も、ロングセラー商品となっている。

昭和四十年前後から同社のアイドルキャラクター「ペコちゃん」を包装紙にあしらい親近感を強調した。その後も、風味や食感も細かく変えるなどして時代に合わせてもきた。

根強い人気があり、現在に至るまで売り上げは安定している。担当者は、『懐かしい』とか『ずっと残してほしい』という声もいただきます。ロングセラー商品として、これからも残していきたいと思います」と笑顔を浮かべた。

COLLECTION 40

お菓子

いちごみるく

Q1

昭和48（1973）年に
「いちごみるく」の姉妹品として発売された
果実フレーバーのキャンディの名前は何？

A みかんじゅわっと

B れもんこりっと

C りんごかりっと

D ぶどうしゅわっと

Q2

美大生時代に「いちごみるく」の
パッケージデザインを考案したクリエイターは誰でしょうか？

A 横尾忠則

B 安藤忠雄

C 河北秀也

D 和田誠

いちごみるく クイズ 答え

Q1 B

「れもんこりっと」は「いちごみるく」の姉妹商品で、みるくミルフィーユがレモンキャンディで包まれています。根強いファンを獲得し、ロングセラーになっています。フルーツ系ではほかに「ぶどうみるく」などがあります。

ご当地の素材を使った地域限定のみるくシリーズがあるのはご存じでしょうか。「めろんみるく」(静岡県)、「ももみるく」(福島県)、「パインみるく」(岐阜県) などさまざま。(販売終了の可能性もあります。)

Q2 C

河北秀也氏は、広告やポスター、商品パッケージなどの制作を手掛けるアートディレクター。その草分け的存在として活躍してきました。

「いちごみるく」の最初のパッケージデザインは、河北氏が東京藝術大学在学中、サクマ製菓でアルバイトをしていた時に考案したのです。

それはピンクと黄の２色を使い、当時流行していたサイケデリック(幻覚状態)の模様でした。あまりに派手なデザインだったため、社内では反対の声も上がりました。しかし、当時の社長による強い後押しもあり、河北氏のデザインで発売することが決まったのです。

気軽に「カリッと食べる飴」

いちごみるくは一九七〇（昭和四十五）年にサクマ製菓（目黒区）から発売された。六年前に同社が売り出した「チャオ」のヒットを受けてのことだった。チャオは、チョコレートを飴《あめ》の中に入れるという目新しさが評判を呼んでいたが、さらに製法にこだわり「カリッと食べられる飴」を作ろうというコンセプトが生まれた。かみ砕ける飴だったら、なめ終わるまで時間がかかる通常の飴よりも気軽に食べられる、というアイデアだった。

飴を層状に重ね、薄く硬い飴でコーティングすることにした。溶けやすく固まりやすい飴を何層にも折り重ねるのは至難の業だったが、職人たちの努力もあり、約一年後に発売にこぎつけた。外側の飴は子どもたちに人気のイチゴ味に、層状の飴は栄養価が高く、さくさくした食感にもマッチするミルク味にした。パッケージにはアルバイトの美大生が描いたデザインを採用した。

地道な営業活動が功を奏し、徐々に人気が出た。さらに同社が提供していた子ども向けテレビ番組の「子どもにおやつを手渡すシーン」でいちごみるくが使われると、売り上げが伸びた。「味や食感、デザインが斬新で、インパクトも強かったのだと思います」と担当者は語る。

類似品も登場したが、食感の良さなどが支持されロングセラー商品に。現在まで安定した売り上げを保っている。デザインや風味は基本こそ変えないが、時代に合わせて微調整を重ねている。近年は、白地にイチゴをあしらった包装紙に、キャラクターのイラストを紛れ込ませるなどの「遊び」を入れて、幅広い層から好評を博している。

「長年の愛好者からのファンレターも多い。「甘くてほっとする『安心感』があるのだと思います」と、担当者は、ほほ笑む。

COLLECTION
41
お菓子

プロ野球チップス

Q1

「プロ野球チップス」は、昭和48（1973）年に
「プロ野球スナック」として発売されました。当時の包装袋に
描かれていたイラストと似たシルエットを
選んでください。

Ⓐ

Ⓑ
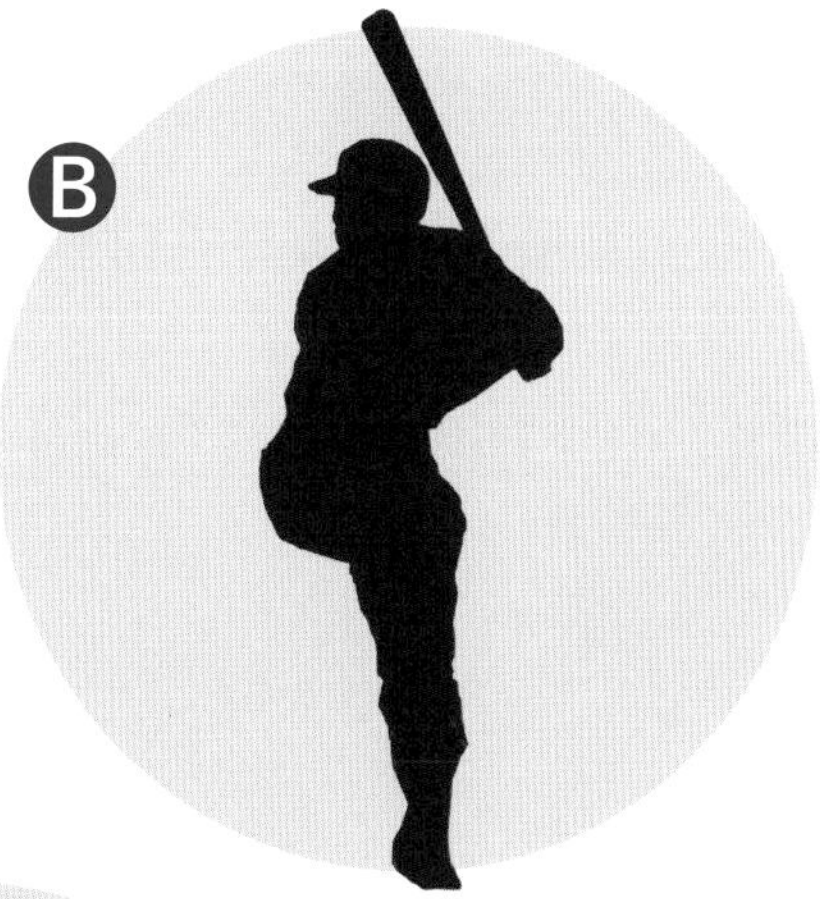

Ⓒ

Q2

令和5「（2023）年に発売から50周年を迎えた
プロ野球チップスですが、
**カードの累計発行枚数は一体、
何枚になったでしょうか？**

- Ⓐ 1億枚
- Ⓑ 5億枚
- Ⓒ 8億枚
- Ⓓ 18億枚

プロ野球チップス クイズ 答え

Q1 B

このパッケージに描かれたのは「一本足打法のバッター」でした。

ちなみに、カルビーがプロ野球スナックを発売した昭和48年は、王貞治選手と長嶋茂雄選手を擁する巨人が、日本シリーズでV9を達成した年。常勝球団のスーパースターとして「王・長嶋」は別格の人気を誇っていました。

王選手が世界新記録となる756号ホームランを記録したのは昭和52年のことでした。

Q2 D

プロ野球カードは例年、約400種類が発行されてきました。記念すべき第一号のカードは長嶋茂雄選手。当時の人気は凄まじいものがありましたが、長嶋効果は4半世紀にわたり波及。巨人監督だった平成6（1994）年のリーグ優勝時は、「プロ野球チップス」が最も売れた年になったそうです。

カルビーは、サッカーのJリーグ発足に合わせて「Jリーグチップス」を販売。その人気におされ、1995、96年は「プロ野球チップス」を販売できなくなりました。しかし、プロ野球選手カードだけはグループ会社の別商品に封入してファンに提供されました。

憧れの選手当てる喜び

子どものころの夢はプロ野球選手になることだった。ポテトチップスを食べながら、カードに印刷されたスター選手に憧れた。

懐かしのプロ野球チップス。その前身となる「スナックプロ野球」をカルビー（千代田区）が発売したのは一九七三（昭和四十八）年のこと。二年前に出した、人気漫画キャラクターのカードをつけた「仮面ライダースナック」の好評を受け、国民的スポーツ、「プロ野球」の選手をカード化した。チームがV9を達成する最中だったこともあり巨人の選手が中心で、一番人気は長嶋茂雄さんだった。

発売時の中身はサッポロポテト。その後、ポップコーンになった時期などもあったが、現在のポテトチップスに落ち着き、九七年から現在の名称となった。

各球団に人気が分散したこともあり、今ではカードの選手も十二球団均等に配分される。毎年、プロ野球開幕前の三月、オールスター前後の七月、ペナントレースが終盤に入る九月に新シリーズを出す。三回出すのは、できるだけ旬の選手をカードにするためだ。前年度の実績をもとに決める第一弾に対し、第二弾は開幕直後に撮影した写真を使って、第一弾でカバーしきれなかった新顔や移籍選手などもフォローする。さらに前半戦での活躍を見て、決定版ともいえる第三弾を作る。毎回、サイン入りなどのスペシャルカードを企画し、リピーターを飽きさせない工夫も欠かさない。

選手のセレクトの基準は「当ててうれしいと思う選手であること」。各チーム一回十二枚前後の狭き門だけに、カードになったことを喜ぶ選手も多い。ファンからの「この選手を入れてほしい」という要望も参考にしながら、憧れの選手たちをカードにしている。

COLLECTION 42

お菓子

間違い探し

グリコ（栄養菓子）

Q

上下のイラストで異なるところを8ヵ所見つけて下さい。

グリコ
間違い探し
答え

1粒300メートル、おまけ付き

おまけといえばグリコ。昭和の子どもたちを夢中にさせたこのお菓子は一九二二（大正十一）年の発売以来、約三万種類、約五十五億個のおまけ（おもちゃ）を生み出した。時代が変わっても、子どもの心身の発育に役立てたいとの理念は変わらない。

発案したのは、当時、子どもの栄養状態がよくないことを気にかけていた江崎グリコ（大阪市）創業者の江崎利一さん（故人）。子どもは「食べることと遊ぶことが好き」と考え、キャラメルにエネルギー源となる物質グリコーゲンを含ませ、おもちゃと一体の栄養菓子を作った。

商品名はグリコーゲンから取り、「一粒三百メートル（走れる）」のコピーで、両手を上げてゴールするランナーをトレードマークにして売り出した。

最初のおもちゃは絵カードで、キャラメルと一緒に箱に入れられた。おもちゃだけ別の箱に入れるようにすると、木やブリキ、セルロイド、プラスチックの車や電車、人形、ロボット、城など種類が広がった。

何が出てくるか分からないドキドキ感もあり、昭和三十年代後半には年間二億個を売る大ヒット商品になった。その後、男の子用と女の子用に分かれ、昭和の終わりから「親子で遊ぶ」をテーマに作られるようになった。現在は、ペットボトルの蓋や輪ゴムなどと組み合わせても遊べる、創造性を養うことを目指したおもちゃが入る。

一世紀を超えたロングセラーとなった理由を、担当者は「自分で遊び方を考えたり、空想をめぐらせたりと、変わらぬアナログ的なよさが受けている」と説明する。おもちゃについても「これからも驚きがあり、裏切らないものを作っていきたい。触れ合いも三世代まで広げていきたい」と力を込めた。

COLLECTION 43

お菓子

梅ジャム

Q1

平成30（2018）年に廃業した「元祖 梅ジャム」の
製造元「梅の花本舗」が、一時期、梅ジャムの姉妹品として
製造していたジャムは「あんず」ともうひとつは何？

A レモン

B ゆず

C りんご

D オレンジ

Q2

「元祖　梅ジャム」はたった1度の値上げ以降、
廃業するまで1袋10円の価格をつらぬき通してきました。
さて、値上げ前の価格は一体、
いくらだったでしょうか？

A 1円

B 3円

C 5円

D 7円

梅ジャム クイズ 答え

Q1 D

「梅の花本舗」が梅ジャムに続く姉妹品として発売したのが「あんず」と「オレンジ」のジャムでした。

このころ、ひとりで製造していた社長のほかにも従業員が増え、ジャム以外にも先の尖った鉛筆状の飴《あめ》、クジ付きの数字飴などの駄菓子を製造。東京下町を中心に販売されていたそうです。

今では味わえなくなった「元祖 梅ジャム」と同様、こうした飴にも思い出のある人はたくさんいるかもしれません。

Q2 C

値上げをしたのは昭和40年代のこと。袋詰めにしたことで10円に値上げせざるを得なかったようです。当時の子どもたちにとってはかなりの痛手だったことでしょう。

平成29(2017)年の年末に「梅の花本舗」の廃業の一報が流れた直後、ネット上では箱売り価格400円の梅ジャムが60倍を超す2万5千円まで釣り上がったそうです。

また、廃業を知り、後継者候補が現れるなど販売継続を望む声も殺到しましたが、社長はレシピを公開することもなく、平成の終わりとともに約70年間の歴史に幕を下ろしました。

甘酸っぱい思い出とともに

鮮やかな紅色のジャムをなめると、子ども時代の記憶がよみがえる。外で遊び汗ばんだ体には、甘いだけでなく、思わず口がすぼまる酸味が格別だった。

梅ジャムの登場は、一九四七（昭和二十二）年。梅の花本舗（荒川区）の高林博文さんは、ひょんなことで手に入ったリンゴの粉で菓子を製造した。紙芝居屋に納品すると好評で、さらに新しい菓子を作ってほしいと頼まれた。

高林さんは、型崩れの梅干しに目をつけた。水で溶き、甘味料や小麦粉などを加えて釜で煮詰め、薄いせんべいに塗るジャムに仕立てると、次々に注文が舞い込んだ。「紙芝居屋は、梅ジャムでせんべいに顔を描いてみせたりした。それも人気が出た理由でしょう」と高林さん。やがて紙芝居が衰退すると、駄菓子屋が主な納品先に。それに伴い、たる詰めから、小分けした袋詰めになった。しばらくして一袋十円にして以来、値上げはしなかった。

材料の人工甘味料は砂糖に代わったが、当時のままの製法で、高林さんひとりが作ってきた。味を一定に保つために、素材の配合や煮る時間を微調整するのがコツの職人技だ。季節の変わり目は、味の変化が出やすく、特に気を使ってきた。

晩年は、量こそ最盛期の五分の一程度になったが、往時と変わらず三日おきに得意先を回り、多い時で一回に約四万袋を納品してきた。

二〇一〇年の取材時、高林さんは「懐かしいと言ってくれるお客さんもいるし、お店に行くと子どもたちが手に取るかどうか気にもなる。まだやめられません」と語っていたが、一七（平成二十九）年に製造を終了し、惜しまれつつ約七十年の歴史の幕を閉じた。もう八十七歳になっていた。その味は、皆の記憶の中で生き続けている。

COLLECTION 44

お菓子

バタークリームのケーキ

Q1

令和4（2022）年、バターの生産量が世界で
一番多かった国はどこでしょう？
下記より一つ選んでください。

Ⓐ インド

Ⓑ アメリカ

Ⓒ ニュージーランド

Q2

「ショートケーキ」も人気ケーキの一つですが、
どうして〝ショート〟と
呼ばれるようになったのでしょう？
下記より一つ選んでください

Ⓐ 一人ずつ食べやすく切り分けられた「小さいケーキ」だったから

Ⓑ 生クリームを使っているので、日持ちがしない「時間が短い」ケーキだったから

Ⓒ ケーキの原料にショートニング（油脂）を使っていたから

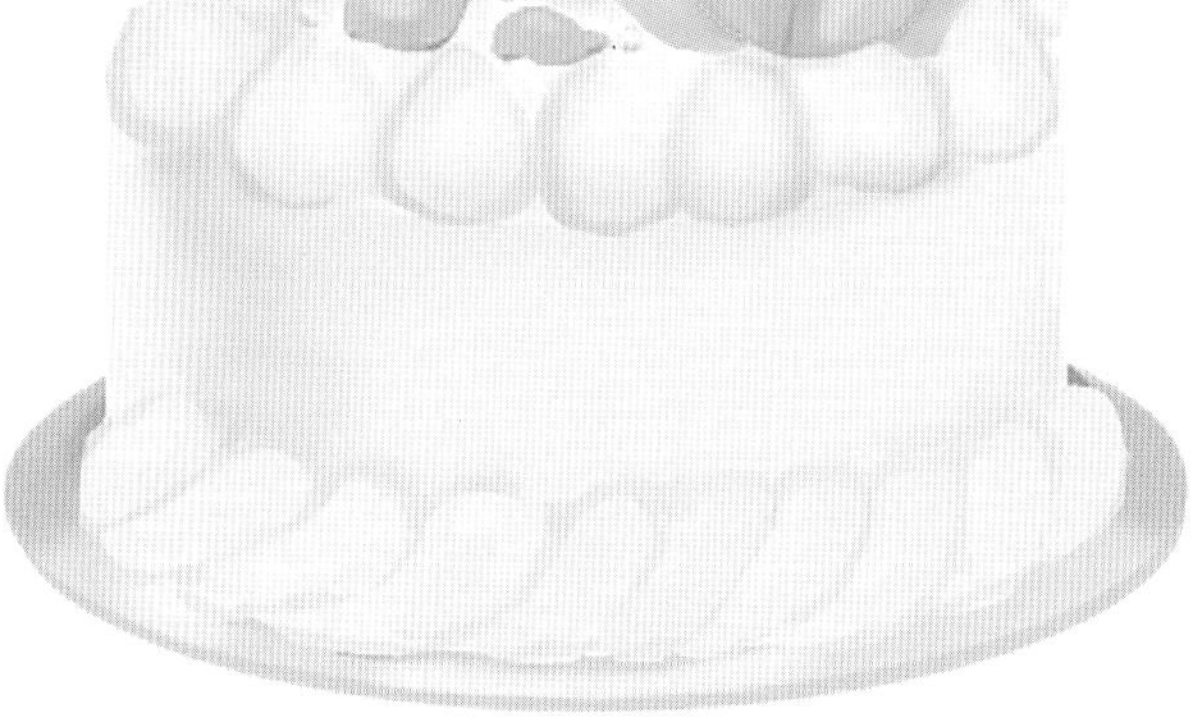

バタークリームのケーキ クイズ 答え

Q1 Ⓐ

2022年のバター生産量が世界で一番多かったのはインドで、その生産量は約650万トンです。

Ⓑのアメリカは約99万トン、Ⓒニュージーランドは約49万トンとなります。

（米農務省（USDA）「World Markets and Trade」より）

インドは世界の半分以上のバターを作っていることになります。ちなみにバターの消費量でもインドは世界一です。

Q2 Ⓒ

ショートケーキとは、スポンジケーキをソースなどと組み合わせたケーキやビスケットの総称で、語源は諸説あるものの、お菓子の原料のショートニング（油脂）に由来するとされています。英語の「ショート（short）」には「サクサクする」「ぼろぼろする」という意味があります。

実は日本で「ショートケーキ」と呼ばれているケーキは日本生まれの洋菓子。ちなみにショートケーキの老舗「不二家」では、大正時代に創業者の藤井林右衛門がやわらかいスポンジにクリーム等を組み合わせ、「ショートケーキ」を独自に考案しました。

『特別な日』の濃厚な味

コクがあり日持ちのするバタークリームのデコレーションケーキ。生クリームケーキに押され、街からめっきり姿を消したが、今も控えめながら、売られている。

「出る数は少ないですが、誕生日などに『懐かしい』と注文される中高年の方が多いです」。不二家（文京区）の洋菓子部門の担当者は、その息の長い人気を語る。

クリスマスにケーキを食べる習慣が日本で広まったのは、戦後の一九五〇（昭和二十五）年ごろから。乳製品や砂糖の価格統制が解かれる時期と重なる。当時はキャバレーでクリスマスを祝うスタイルが流行。ケーキの土産が付いたが、質の良くない食用油脂と粉砂糖を入れた粗悪品も多かった。

こうしたまがい物もあったが、七〇年ごろまではバタークリームのケーキが一番よく売れた。この後、電気冷蔵庫が普及すると、口当たりは良いが、温度管理が難しかった生クリームケーキが手軽に食べられるようになり、主役が交代する。

それでもバタークリームは洋菓子作りに欠かせない存在であり続けてきた。

以前、不二家に男性客から「高齢の母の退院祝いに、昔懐かしいバタークリームのロールケーキを作ってもらえないか」との注文が舞い込んだことがあった。昭和三十年代のレシピを基に、甘さを現代風に抑えた試作品を提案したところ、感謝の手紙が届いた。「うれしそうに食べる母を横で見ていて、とてもうれしかったです」。懐かしい風味との再会で思い出にひたる母親。その姿もまた、家族の胸にかけがえのない記憶として刻み込まれていく。

クリスマスなど特別な日のだんらんに、温かな彩りを添えたバタークリームのケーキ。大切な思い出を紡ぎながら、これからも生き続ける。

COLLECTION 45

お菓子

間違い探し

チョコボール

Q

上下のイラストで異なるところを8カ所見つけて下さい。

チョコボール
間違い探し
答え

『カンヅメ』中身は秘密

金なら一枚、銀なら五枚。菓子箱の上の黄色いふたをドキドキしながら開ける。そして、そこにエンゼルマークがないのが分かると、がっかりした。いつも外れてばかり…。当たりを集めるともらえる「おもちゃのカンヅメ」。まるで宝箱のように、子どもたちの憧れだった。

二〇〇四年に公開された『銀のエンゼル』は、北海道のコンビニエンスストアを舞台にした映画だ。

なかなか当たらないエンゼルマーク。金は無理でも、銀ならいつか当たるんじゃないか、そんな「小さな幸せ」を家族や愛する人への心の葛藤として描いた。

チョコボールの棚の前で悩む女性客が店員に選んでほしいと頼む場面。

店員「自分で思ったものを選んだ方がいいかもしれませんよ」

女性「また外れだとしても？　私の人生がかかっているのよ」

店員「だったら、なおさらですね。自分で選んだら後悔しないかもしれない」

森永製菓（港区）がチョコボールを発売したのは一九六七（昭和四十二）年。当時は箱の上部を引き上げ、横に付いた「くちばし」を引き出す独創的な形だった。

その形が鳥に似ていることから、大きなくちばしを持つ鳥の絵が描かれた。社内で「キョロちゃん」と呼ばれたキャラクターの評判は当初、散々だった。「目つきが悪い」「顔が怖い」

しかし、子どもたちには受け入れられた。くちばしを通してボール型のチョコレートがコロコロと出てくる、その面白さ。

「当時は冷房施設が普及してなくて、夏でも溶けにくく、子どもが喜ぶチョコ菓子を作ろうとしたと聞いてます。缶詰の中身は今も昔も秘密です。それがロングセラーの秘訣だと思います」。担当者はそう語る。

COLLECTION 46

お菓子

サイコロキャラメル

Q1

発売から89年もの長い間、全国の子どもたちに
愛されてきたサイコロキャラメル。
平成28（2016）年に惜しまれつつも販売を終了しましたが、
地域限定商品として再発売されました。
その地域とはどこでしょうか？

A 九州

B 北海道

C 沖縄

D 四国

Q2

サイコロキャラメルのパッケージは、サイコロを模したものです。
それではこのパッケージの
それぞれ反対側の面の出目を足すと
いくつの数字になるでしょうか？

A 7

B 8

C 9

D 5

サイコロキャラメルクイズ 答え

Q1 B

サイコロキャラメルの販売はいったん終了しましたが、明治グループの道南食品（本社・北海道函館市）が、「北海道サイコロキャラメル」の名称でリニューアル。北海道限定で販売しています。

ちなみに、道南食品の本社屋上には、パッケージの出目が１から６まで一つずつ、赤白で描かれています。インターネットの「グーグル・アース」で同社の住所を検索すると、上空からの画像ではっきりと確認することができます。

Q2 A

実際のサイコロと同じく、１と６、２と５、３と４がそれぞれ反対の面になり、答えは７となります。

中身のキャラメルを食べ終わった後、そのパッケージをサイコロとして使って遊んだ人も多いでしょう。むしろ、本物のサイコロよりもよくサイコロとして使ったほど、なじみ深いものでした。

また、パッケージを破かずに広げていくと、立方体の展開図にもなります。

サイコロ型の小箱に大粒のミルクキャラメル２粒、５つの小箱（計10粒）で1商品だった「サイコロキャラメル」は、単に美味しいだけではなく、ちょっとした遊びや発見がいつもありました。

楽しめるパッケージ

子どものころ、紅白のさいころが連なったサイコロキャラメルは、菓子売り場でひときわ目立っていた。親にねだって買ってもらうと、早速甘いキャラメルを食べ、パッケージを大切に取っておいた。

現在の明治（中央区）の前身、明治製菓がサイコロキャラメルを発売したのは、一九二七（昭和二）年のこと。キャラメルそのものは、十年前から製造販売し、滋養のある菓子として人気を博していた。そのパッケージを立方体の「さいころ」にした。同年は江崎商店（現江崎グリコ）の「グリコ」に初めておまけがついた年でもあった。「お菓子の栄養やおいしさに、楽しさも付加することが、受け入れられる世相だったのでは」と、関係者は語る。

当初は白のみだったパッケージを紅白二種類にし、一個ずつのばら売りだったのを五個セットにすることでインパクトを増したことで人気を博した。子どもが主な顧客だが、年配層にも根強い愛好者が多く、安定した人気を保ち続けてきたが、二〇一六（平成二十八）年に八十九年の歴史に幕を閉じた。その後、明治の関連会社である道南食品（函館市）から「北海道サイコロキャラメル」として、復活を果たした。北海道発を積極的にアピールしており、道やJR北海道とコラボレーションした「北海道179市町村サイコロキャラメル」や「JR北海道駅名標キャラメル」などが、注目を集めている。

十年ほど前、六歳と四歳だった筆者の子どもたちにサイコロキャラメルを渡すと、すぐになめだし、パッケージをそれぞれのおもちゃ箱に大事そうにしまい込んで、しばらくの間、使い続けていた。シンプルなアイテムの「サイコロ」をモチーフにしたことこそが、ロングセラーの理由であると実感したことを懐かしく思い出す。

間違い探し

アーム筆入

Q 上下のイラストで異なるところを8カ所見つけて下さい。

アーム筆入
間違い探し
答え

象が踏んでも大丈夫

「象が踏んでもこわれない!」。丈夫で、子どもたちを夢中にさせたアーム筆入は一九六五(昭和四十)年にサンスター文具(台東区)から発売された。

　誕生のきっかけとなったのは暴走族のニュース映像を、同社の元社長、伊藤幸信さんが見たことだった。自宅でテレビを見ていた伊藤さんは、暴走族が投げた石が当たっても割れない信号機のランプに身を乗り出した。親しかった警察官に問い合わせ、材質は強くて傷が付きにくい耐熱性のあるポリカーボネートと教えられると、筆入れに使えないかとひらめいた。

「それまでセルロイド筆入れは引火しやすく、プラスチック筆入れは落とすと壊れやすいイメージがあった」と伊藤さん。

　役員会でポリカーボネートの筆入れを提案したが「強いのはいいが、買い替えがなくなる」と否決されてしまう。それでも強さの実験を見た当時の社長は「たいしたもんだ。売り上げが減っても作ってほしい」とゴーサインを出した。

　そのころはプロレスが盛んだった。レスラーのたくましい腕から「アーム筆入」と名付け、一目で強さが分かるよう象が踏み付けるテレビコマーシャルを流した。同社の実験によると、最大一・五トンまで耐えられ、象の片足ならまったく問題ないという。

「三人が同時に乗っても壊れなかった」。インパクトの強いコマーシャルは子どもたちの好奇心をくすぐり、各地で強度実験が繰り返され、爆発的に売れた。

　しかし、少子化や携帯電話の普及のためか、「筆入れは子どもたちの主役でなくなった」と話す。それでも親が昔を思い出して子どもに買い与えるなど、二世代にわたるロングセラー商品になっている。

COLLECTION 48

学校・会社

教育おりがみ

Q1

昭和29（1954）年の発売から長年愛され続けている教育おりがみですが、現在の教育おりがみ（66枚入）の**色のラインナップとして入っていないものはどれでしょうか？**

次の選択肢の中からひとつ選んでください。

A えんじ

B きだいだい

C ぼたん

D ふじ

E ペールオレンジ

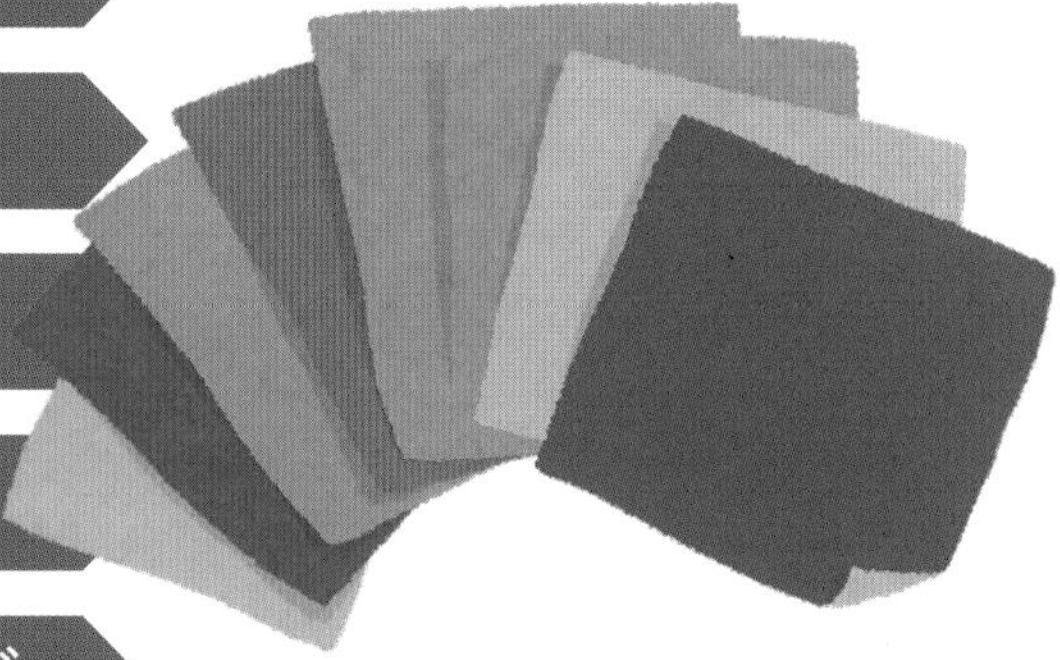

Q2

現在では、折り紙は数学や医療等の学問の分野にも応用されています。折り紙の応用のひとつに、人工衛星の太陽光パネルを折りたたむ方法として採用されている折り畳み方があります。

その折り畳み方の名前は何でしょうか？

次の選択肢の中から一つ選んでください。

A オカダ折り

B キムラ折り

C ナカノ折り

D ミウラ折り

E シマダ折り

教育おりがみ クイズ 答え

Q1 A

トーヨー社が販売する教育おりがみシリーズには、色の種類と紙の大きさで様々な商品があります。最も色の種類が多いもので、15㎝×15㎝の折り紙28色が66枚入っています。

トーヨー社のおりがみ工場では、様々な大きさや色の組み合わせに対応したおりがみをつくるために、色の順番を整える帳合や紙を指定の大きさにカットする断裁、製品のパッキングといった多くの工程が手作業で行われています。

Q2 D

ミウラ折りとは、日本の航空宇宙工学者の三浦公亮《みうらこうりょう》さんが考案した折り畳み方です。ミウラ折りは、大きな紙でも対角線部分を押し引きするだけで、展開と収納が即座にできるのが特徴です。平成7(1995)年に打ち上げられた人工衛星「Space Flyer Unit」に太陽光パネルをコンパクトに折りたたむ方法として採用されました。身近な例では、携帯用の地図や観光ガイド、電車の路線図などに活用されています。

ミウラ折りの他にも、折り紙を使った研究はさまざまな分野でみられ、エアバッグの折り畳みや医療用の人工血管の折り畳みにも応用されています。

紙質しなやか 60色そろえ

青が基調の鮮やかなパッケージが印象的な「教育おりがみ」は、一九五四（昭和二十九）年、現在のトーヨー（足立区千住緑町）の前身、東洋紙工が発売した。それまでも折り紙を製造販売していたが、第二次世界大戦後の紙不足も解消された時期に、パッケージデザインを一新して出した新商品だった。

「当時、登場してきた量販店からの注文に応えるために作ったと聞いています」と、創業者・真下浩栄さんの孫にあたるトーヨー社長の真下安弘さんは言う（二〇一一年取材時）。幼稚園や小学校の授業で折り紙が使われはじめていたので「教育」の名を冠した。

商標が取れなかったこともあり、同名の商品が他社から次々に出たほか、デザインまで模した商品も登場した。だが最初に出したインパクトは強く、他の追随を許さないシェアを現在まで保ってきた。

登場時の色数は三十色弱。当初は染料で染めていたが、後に色落ちしにくいインキを使い、安全面に配慮したほか、発色も良くした。色数も増え、現在では金銀を含めて六十一色をそろえる。折りやすい上に、折り直しても破れにくいしなやかな紙を正確な正方形にそろえる品質の高さが自慢だ。

使い手は、幼稚園から小学校低学年の子どもが中心。少子化の影響で子どもの数は減っているが、キャラクター商品を発売するなどして同社は奮闘を続ける。幾何学を駆使した精緻《せいち》な作品作りを楽しむ大人も多く、米国など海外の需要も少しずつ増えているという。

袋には、定番の鶴などの折り方を図解した紙が入っている。そこには折り紙を気軽に親しんでもらおうという思いがこもる。図柄があらかじめプリントされたシリーズや和紙シリーズもあり、好評だ。

COLLECTION 49

学校・会社

通勤快足

Q1

「通勤快足」のネーミングで大ヒットした靴下の機能は?

次のうちから選んでください。

A 臭わない

B 蒸れない

C 破れない

D 汚れない

Q2

女性用の「通勤快足」が
平成29（2017）年に限定発売されました。
その商品名は何でしょう? 次の空欄を埋めてください。

「通勤快足・○○○○○○」

通勤快足クイズ 答え

Q1 A

「通勤快足」は、抗菌防臭加工を施した独自の糸でつくられた靴下。1987年に発売され、サラリーマン向け機能ソックスの先駆けとなりました。

今はさまざまなメーカーが機能ソックスを開発・販売しています。消臭のある竹炭を練りこんだり、防臭・保温の効果を高める銅繊維を使ったりする靴下も。用途もさまざまで、疲れにくい形状の登山用や、滑り止め加工のスポーツ用など幅広く開発されています。

Q2 女性専用車両

「通勤快足・女性専用車両」は、「通勤快足」の発売30周年を記念して販売された限定品です。通勤快足の企画製造を手掛けるレナウンインクスと、セレクトショップ「ビームス」のコラボレーションで、東京・新宿の店舗「ビームス　ジャパン」で販売されました。

パッケージには、電車に張られている「女性専用車両」のステッカーと同じデザインのマークが描かれました。JR中央線の「通勤快速」にひっかけた通勤快足と同様、通勤電車にちなんだユニークな名前なったのです。

このときは、学生向けの「通学快足」も限定販売されました。

名前変更で売り上げ倍以上

地方にいた子どものころ、テレビCMで聞いた印象的な名称。その面白さに気付いたのは、上京してJR中央線の「通勤快速」に乗ったときだった。

通勤電車の名称にあやかった「通勤快足」は、抗菌防臭加工の靴下として一九八七（昭和六十二）年に登場した。当時の発売元のレナウンは実は以前から、男性向けに「におわない靴下」の開発を進め、製薬会社と抗菌剤を含んだナイロン糸を共同開発し、「フレッシュライフ」の名称で八一年から発売していた。

初年度こそ人気を得たものの、売り上げは次第に下がり、消滅の危機に。一方で、ユーザーからは「足の臭いが消えた」と感謝の声も届いていた。潜在する需要を確信し、サラリーマン向けの特色をより強く打ち出すことで人気も再燃すると考え、ブランド名の変更に踏み切った。「サラリマン」「清潔太郎」などの強力な候補もあった。実際に中央線で通勤していた社員が口にした名称がインパクトも強く、最終的に採用された。

CM放送が始まると、百貨店などで「テレビで見た靴下」を求める人が続出した。売り上げは一気に変更前の倍以上に。供給が追いつかず、予約券を配るほどの人気となった。その後、ライバル商品も多数登場したが、速乾性の高いタイプなどを展開し、高いシェアを保ってきた。

機能性をうたう商品が乱立したことを受け、二〇〇七年から「抗菌防臭」を前面に打ち出す原点回帰を図り、好評を得てきた。機能にフォーカスした靴下の先駆けとして長年の愛用者を中心に根強い人気を誇る。

現在、企画製造を行うレナウンインクスの担当者は「製品自体の実力と、聞いただけで特長が分かる名前を兼ね備えたことがロングセラーの理由でしょう」と話した。

COLLECTION 50

学校・会社

トモエのそろばん

Q1

そろばんは、玉の数によってさまざまな種類があります。
次の選択肢のうち、**日本で使われたことがない種類のそろばん**はどれでしょうか？　一つ選んでください。

Ⓐ

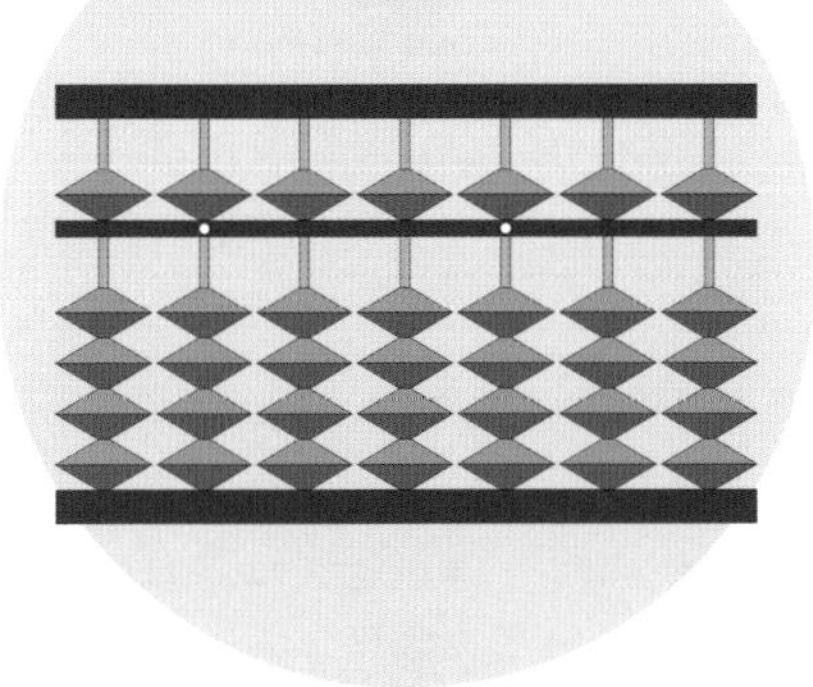

Ⓑ

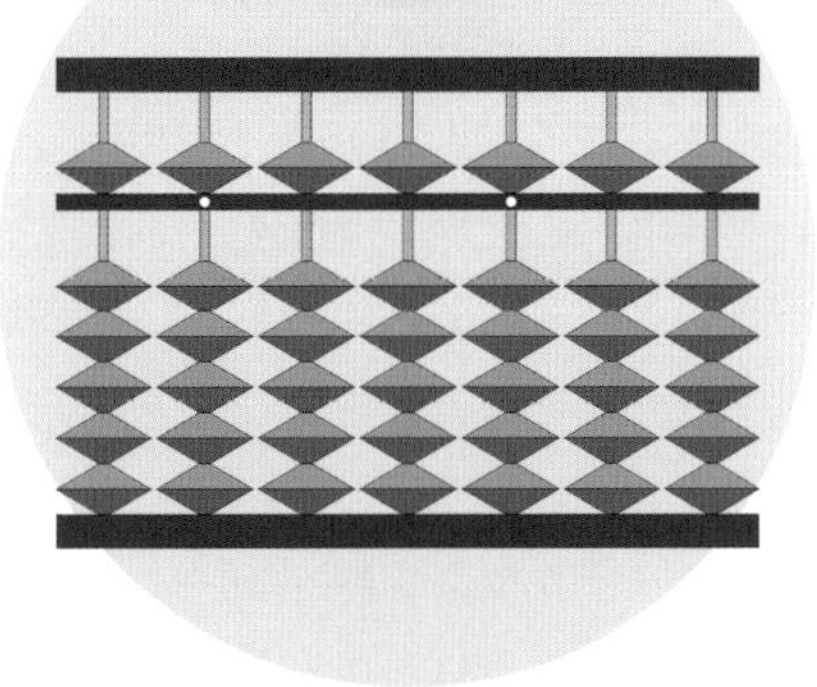

Ⓒ

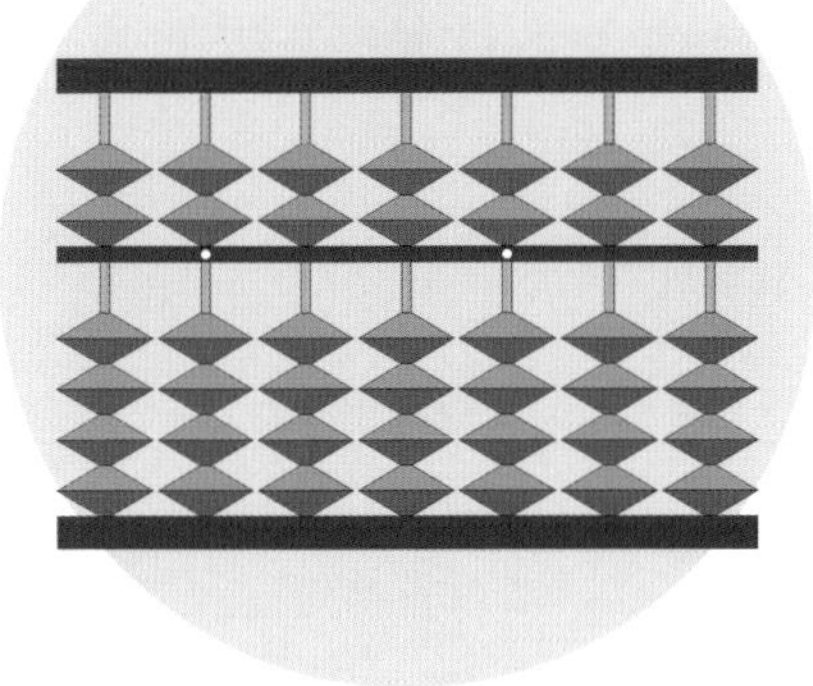

Ⓓ

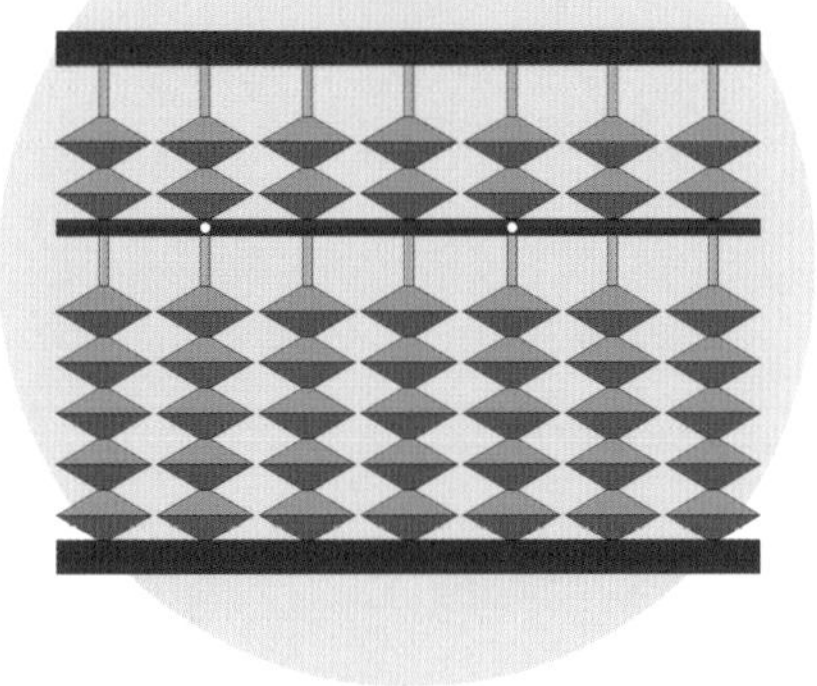

Q2

日本のそろばんトップメーカーであるトモエ算盤などは、平成20（2008）年に打ち上げられたスペースシャトルに持ち込まれた「宇宙ソロバン」を製作しました。
この時、スペースシャトルに搭乗した
日本人宇宙飛行士は誰でしょうか？
次の選択肢の中から一人選んでください。

Ⓐ 若田光一

Ⓑ 野口聡一

Ⓒ 星出彰彦

Ⓓ 古川聡

トモエのそろばんクイズ 答え

Q1 C

日本では現在、天（そろばんの上側）の玉が1つ、地（下側）の玉が４つのそろばんが主に使われています。

中国から伝来したそろばんは、現在と異なり天が二つ地が五つのそろばんでしたが、江戸時代に玉の形が改良され、加えて天が一つ地が五つのそろばんが主流になりました。昭和に入り五つ玉そろばんから四つ玉そろばんに改良されたため、十進位取り記数法の教具としての価値が高まり、世界で利用されています。

Q2 C

平成20（2008）年6月1日に米国のケネディ宇宙センターからスペースシャトル「ディスカバリー号」が打ち上げられました。公式飛行記念品として持ち込まれた「宇宙ソロバン」は、トモエ算盤が精密部品メーカーなどと共同で開発したものです。

ディスカバリー号に搭乗した星出彰彦さんは慶応大学出身。同大の卒業生から記念品の案を募ったところ、卒業生のトモエ算盤社長、藤本トモエさんの案が採用されました。

重量の関係で「なるべく軽く」との注文があり、アルミ製で独自の形のそろばんになりました。

教材として海外にも普及

そろばんは、古代ローマ時代に登場したとされる計算器具。日本には室町時代に中国から入ってきて、江戸時代には広く普及していたというのが定説だ。当初は中国製を踏襲して、上段に二つ、下段に五つ玉がついたタイプだったが、昭和に入って、まず上段が一つ玉に、さらに昭和十年代には、下段が四つ玉に変更され、シンプルで使いやすい現在のそろばんの形となった。

そろばんの製造販売の大手、トモエ算盤（新宿区）の創業者、藤本勇治さん（故人）が兵庫県加東郡小野町（現小野市）から東京の神田に出てきて、家紋の「三つ巴」を登録商標として創業したのは、一九二〇（大正九）年のこと。高品質に加え、顧客のそろばんを終業後に引き取り、翌朝までにメンテナンスして返却するサービスで人気を集めた。計算器具としての需要は高く、昭和四十年代まで、作ったそばから売れて常に在庫のない状態が続いた。

八〇（昭和五十五）年を境に需要は減少の一途をたどった。電卓にシェアを奪われた状況を見て「計算器具としての寿命は終わった」と、当時社長に就任した創業者の娘、藤本トモエさんは判断した。

試行錯誤の末、そろばん教室などと連携し、教育用ツールとしての活路を見いだした。若者たちの計算能力の低下が社会的な問題になっていた時期でもあった。その対策として、指を動かし、脳を刺激しながら計算を覚えていくそろばんが見直されたのも追い風となった。

幼年層を中心に珠算を習う人が増加し、世界各国で教材として使用される例も多い。「そろばんはひとめで数の概念が分かるところと、練習すれば、うまくなれるところが魅力。教育効果は高いと思います」。前職は高校教師だったトモエさんは力を込めて語る。

COLLECTION 51

学校・会社

間違い探し

ジャポニカ学習帳

Q

上下のイラストで異なるところを8ヵ所見つけて下さい。

ジャポニカ学習帳間違い探し

答え

ノートに詰まる熱い思い

小学生にはお馴染みのノートがある。表紙には鮮やかな色で珍しい花の大きな写真。裏表紙に写真の解説が書かれ、一枚めくれば自然や動植物の豆知識がびっしり詰まっている……。

ジャポニカ学習帳は一九七〇（昭和四十五）年にショウワノート（本社：富山県高岡市）が発売。高度経済成長期のただ中、ライバル会社に後れを取っていた同社が起死回生を懸けて、二年がかりで開発した。

「ジャポニカ」は開発当時に評判だった小学館発行の百科事典の名前。開発担当者が「子どもの教育に力を入れる親が増えている」と、小学館とのコラボレーションで百科事典の内容をノートに盛り込むことを考えたという。

表紙と紙は、のりではなく、糸でとじて丈夫にしたほか、ロゴを金箔押しにして高級感を漂わせた。当時一冊三十円だったノートの価格を五十円としたためか、当初はまったく売れなかった。

だが七一年放映のテレビCMが流れを変えた。「学習帳」で得た知識を話す男の子に母親が「成長したのね」と感心する内容が受けて、飛ぶように売れるようになった。

表紙の写真は発売当初はレンタルフォトを使用していたが、七八年から「世界特写シリーズ」と銘打ち、昆虫植物写真家の山口進さん（故人）がアマゾンやアフリカなど秘境で撮影をするように。旅先で事故に遭ったり、山賊に襲われて大けがをしたこともあったそうだ。苦労を重ねて撮影した写真でも、花の形や昆虫によっては「気持ちが悪い」との声もあったとか。それでも「世界に一枚しかない」写真を求めて、努力を続けてきた。

担当者は「子どもが自然に興味を持つ入り口となれるよう、現在も開発を続けています」と語る。

COLLECTION 52

学校・会社

間違い探し

シャーボ

Q

上下のイラストで異なるところを8ヵ所見つけて下さい。

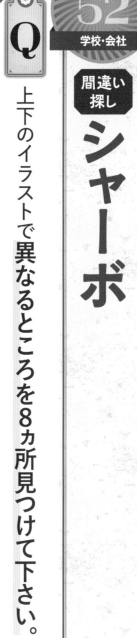

シャーボ
間違い探し
答え

1本2役　筆記具の定番に

「右へ回すとシャープペンシル　左へ回すとボールペン」。テレビで流れたうたい文句が懐かしいシャーボ。一九七七（昭和五十二）年にゼブラ（新宿区）から発売され、テレビCMも同時に始まった。反響を呼び四カ月で八十万本を売る大ヒット商品になった。

開発のきっかけは、同社がシャープペンを製造していなかったから。シャープペンを作るなら、後発だから付加価値をと、ボールペンと合体させた商品を目指した。苦労は多かった。社内で初のシャープペンなのに、他社の従来品より小さいメカを作らなければならない。まだコンピューターの導入前。先端の形が悪くてペン先が出にくいと、手書きで何度も製図し直した。

ようやく製品が出来上がったが、商品名はぎりぎりまで決まらなかった。

当初はふたご座を意味する「ジェミックス」が有力だったが、機能を前面にした「シャボール」に変更。広告代理店に電話で伝えると、代理店が「シャーボ」と聞き違えた。「その方がいい」と考え直し、発売直前に決定したため、初期ロット分は、軸に商品名を入れられなかった。

価格は二千円と三千円の二種類。「ゼブラは当時、一本何十円のボールペンを売ってばかり。高級品を出すのも目標でした」と当時の開発担当者が振り返るように、銀色で適度な重量感があるデザインだった。その後はヒットの波に乗り、「うるし」（七九年）「時計付き」（八二年）などを発売。五年間で千百万本が売れた。

「文化は書くことで発展してきた。パソコンの普及で機会は減ったが、筆記具を使って書くのが基本だと思う」と担当者。現在に至るまで改良は続き、安定した書き心地を誇るロングセラーとなっている。

COLLECTION 53

学校・会社

MONO消しゴム

Q1

文房売り場などでめっきり
見ることの少なくなった「砂消しゴム」ですが、
その本来の用途は何でしょうか？

Ⓐ 普通の消しゴムと同じ

Ⓑ ボールペンで書いたや印刷された文字を消す

Ⓒ 焼印された文字を消す

Ⓓ カラースプレーで書かれた文字を消す

Q2

三色のストライプカラーが目印の「MONO消しゴム」。
さて、このストライプカラーですが、
上からの色の並びは次のうちのどれでしょうか？

Ⓐ
黒・青・白

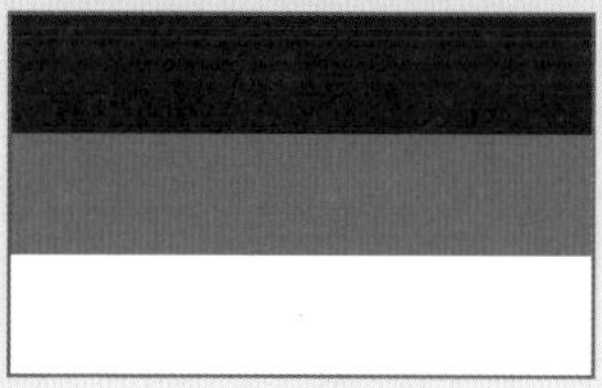

Ⓑ
白・青・黒

Ⓒ
青・白・黒

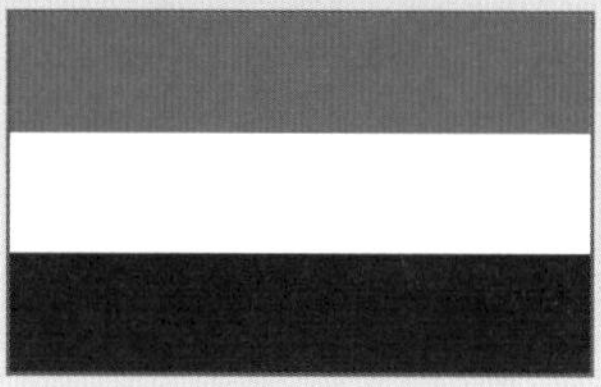

Ⓓ
青・黒・白

MONO消しゴム クイズ 答え

Q1 B

砂消しゴムは、ボールペンなどのインクで書かれた文字だけを消すのではなく、その文字を紙ごと削り取る消しゴム。力を入れすぎると紙が破れてしまうので、そっと円を描くように動かすなど、ちょっとしたコツが要るのが特徴です。

MONOシリーズには天然ゴムと硅石《けいせき》粉を使用した「モノ砂消しゴム」のほか、砂消しと鉛筆用の消しゴムが半々になった「モノ砂ラバー消しゴム」などがあります。

Q2 C

MONO消しゴムは三色旗（トリコロール）をイメージしてデザインされており、昭和44（1969）年の発売以来、ストライプカラーの青・白・黒は変わっていません。

一方、銀・白・黒のストライプカラーの製品があるのをご存じでしょうか。ゴムについた汚れが目立たない「MONO消しゴム[ブラック]」です。

中には、ケースに文字表記がないタイプも。受験生が試験会場に入る際、英語などが印字された所持品を持ち込みできない場合を想定した商品です。文字がなくても一目でMONO消しゴムとわかるのはさすがです。

「おまけ」が評判に

MONO消しゴムは、一九六七（昭和四十二）年に登場した。トンボ鉛筆（北区）が自社の高級鉛筆「MONO100」のダース箱のおまけとして製造したものだった。おまけといっても高級品に付けるもの。中身にこだわり、当時、まだ一般には目新しかった「プラスチック消しゴム」にした。

それまでの消しゴムの原料といえば天然ゴムが中心。しかし、よく消える上、原料が安定して供給されるなどの特長を持つプラスチック素材には、いくつかのメーカーが注目し、開発に着手していた。そこに、他に先んじて本格的に登場させたのが、ポリ塩化ビニールが主原料のMONO消しゴムだった。鉛筆とともに全国に広まり、たちまち評判となった。問屋からも「商品化するべきだ」と勧められ、六九年から単独の商品として発売した。

その後、消しゴムはプラスチック製が主流に。ライバル商品も数多く出そろう中、事務用消しゴムとしてシェア一位の座を守り続ける。時代に合わせてさまざまな改良も加えてきた。消しかすがまとまるように工夫したのは、畳に比べてそれらが落ちた時に目立つ、フローリングの家が多くなったことが契機だった。

軽いタッチで消えるようにするなど、時代の変化に合わせた改良をこまめに行いながら、他社製品との差別化をはかっている。シリーズ商品も数多い。

カバーデザインは、机の上でひときわ映えるようにと、旗をモチーフとしたもの。発売時から大きな変更はない。印象的な「三色旗」のデザインで、アジアなど海外でも販売し、好評を得る。「世界的に見てもトップクラスの品質だと思います」と担当者は胸を張る。

COLLECTION 54

学校・会社

三菱鉛筆ユニ

Q1

三菱鉛筆の高級鉛筆ユニは、昭和33（1958）年に
発売されました。価格は1本50円で、
当時の鉛筆（1本10円ほど）と比べれば高価なものでした。
それでは当時、
50円では何を買うことができたでしょうか？
次の選択肢の中から一つ選んでください。

A はがき1枚

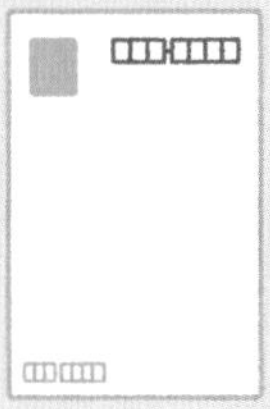

B かけそば1杯

C 週刊誌1冊

D コーヒー1杯

E 映画館のチケット1枚

Q2

ユニが発売された昭和33（1958）年は、今も身の回りにある
さまざまな商品が発売された年でもありました。
それでは、次の選択肢のうち、この年に発売されたものとして
正しくないものはどれでしょうか？
一つ選んでください。

- **A Hondaスーパーカブ**
- **B 人生ゲーム日本版**
- **C 図案スケッチブック**
- **D チキンラーメン**
- **E 野球盤**

三菱鉛筆ユニ クイズ 答え

Q1 D

ユニが発売された当時は、はがき1枚が5円、かけそば1杯が25円、週刊誌1冊が30円、コーヒー 1杯が50円、映画館のチケット1枚が140円という時代でした。当時の大卒初任給は約13,500円で、普通の鉛筆が1本5 ～ 20円で売られていたことを考えると、1本50円のユニは相当高価格でした。

高い品質が人気となり予想を上回るヒット商品となったユニは、現在でも多くの人に愛されています。

Q2 B

ユニが発売された昭和30年代は、日本が戦後の復興から高度経済成長期に入ったころ。それを象徴する数々の商品が生まれました。本田技研工業のHondaスーパーカブ、マルマンの図案スケッチブック、日清食品のチキンラーメン、エポック社の野球盤はユニと同年に発売され、どれもが言わずと知れたロングセラー商品です。また、東京タワーが完成し、東京の新たな名所になったのも同年のことでした。また、人生ゲームはもともと、昭和35（1960）年に米国のミルトン・ブラッドレー社から発売されました。タカラトミーが日本版を発売したのは、その10年後です。

高級感　子どもにも大受け

小学生のころ、学習机の引き出しにはたくさんの宝物が詰まっていた。中でも大切にしていたのは、プラスチックの箱に入ったきれいな鉛筆だった。

ユニが誕生したのは一九五八（昭和三十三）年。三菱鉛筆（品川区）が世に出した国産の高級鉛筆だった。誕生のきっかけはその五年前。欧米を視察で回った当時の技術部長、数原洋二さんは、海外で日本の鉛筆の評価が低いことを実感。最高級とされていたドイツ製鉛筆の模倣ではない、独自性のある高級鉛筆の開発を決意した。

「Bの黒さでHの硬さ」を合言葉に、芯の品質向上をはかった。原料の黒鉛と粘土の粒子を細かく均質にすることで、滑らかな書き味が生まれた。デザインにも力を入れた。まず世界中の鉛筆を集めた。そして「どこにもない色」として、高級感のあるワインレッドに日本古来のえんじ色をかけ合わせた色を、軸に塗り重ねた。ユニの名は唯一を意味する「ｕｎｉｑｕｅ」から取った。

一本五十円。コーヒー一杯と同額だった。普通の鉛筆は十円で買えた時代の破格な値段設定を危ぶむ声もあった。だが結果は意外な形で吉と出た。高級製図用として発売したにもかかわらず、子どもたちの間でも大人気となったのだ。文房具屋の店頭に「飾り用」として置いたダース箱入りのユニが彼らの目を引いた。手仕事の工程があった初代のダース箱の生産が追いつかず、二代目が登場するまでのヒットとなった。

現在も国際標準化機構（ＩＳＯ）がある硬度試験の基準として採用するほどの均質さを維持する「しっとり」した書き味は、国内外の美術家にもファンが多い。登場以来、ほぼデザインの変更はないが、「飽きがこない、とよく言っていただいています」と、担当者は言う。

COLLECTION 55

学校・会社

サクラクレパス

Q1

「クレパス」を発明した「(株) サクラクレパス」が、
昭和48 (1973) 年に発売した
大ヒット商品「クーピーペンシル」の大きな特徴であり
セールスポイントを下記より二つ選んでください。

A 消しゴムで消せる

B 芯が絶対減らない

C 軸全部が芯

D 色が200色ある

E 色がオーダーメイドできる

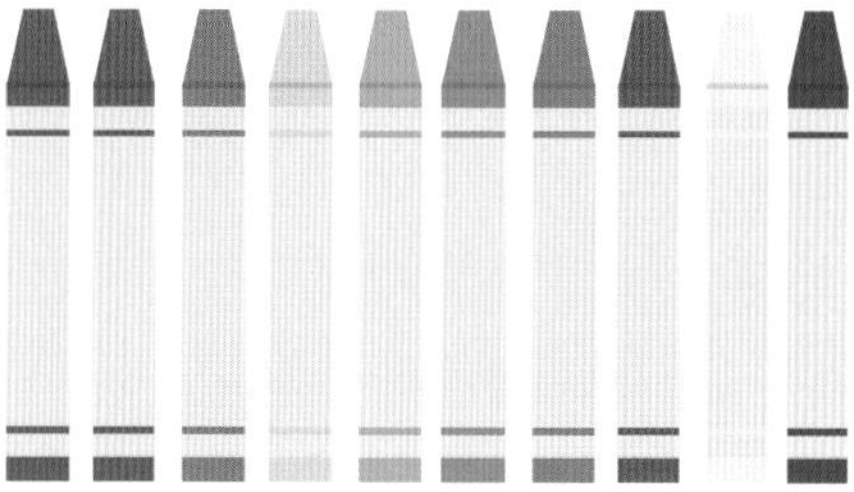

Q2

昭和62 (1987) 年「(株) サクラクレパス」は、
昭和のはじめに発売したクレパスの復刻版を販売しました。
さて、その商品名とは?

A ほんまのクレパス

B がんそのクレパス

C ほんけのクレパス

D ほんとのクレパス

サクラクレパスクイズ 答え

Q1 A、C

クーピーペンシルは令和5（2023）年で発売50周年を迎えました。親子三代にわたりこの製品を使っている人たちもいるのではないでしょうか。

クーピーの販売当初は12色・18色（鉛筆削・消しゴム付）のセットだけでしたが、2021年に創業100周年を記念して100色セットが限定発売されました（既に販売終了）。軸全部が芯で折れにくく、美しい発色などの特徴により、子どもから大人まで幅広く使われています。

Q2 D

復刻版では発売当時のデザインが忠実に再現されています。「ほんとの」の文字が右から左に書かれており、一見、「のとんほ」と読めます。わざわざ「ほんとの」と記したのは、昭和3（1928）年の発売当時、模倣品が多く出回っていたことへの対策だったといいます。また、この時にクレパスが四季を通じて使えるように改良されました。

ちなみに、昭和62（1987）年にサクラクレパスの復刻版が発売されたころは、昭和初期の広告やポスター、竹久夢二の美人画などの大正ロマンが見直され、レトロブーム到来の時期でもありました。

色鮮やかで描きやすく

クレパスが誕生したのは一九二五（大正十四）年。欧州帰りの美術家、山本鼎《かなえ》が提唱する自由画教育運動に呼応してのことだった。

当時の美術教育は、手本を模写する「臨画」が中心。子どもの創造力が入り込む余地が少なかった。そこに登場した、自由に写生することを奨励した思想は、大正デモクラシーの機運にも乗り、全国に広まった。だが、適した描画材がなかった。主に使われた当時のクレヨンは、定着性は良いものの、自在に面を塗りつぶすには硬すぎた。

現在のサクラクレパス（本社・大阪市）の前身、「日本クレィヨン商會《しょうかい》」の創立者、佐武林蔵は、山本からクレヨンの問題点を聞き出した。それを参考にクレヨンの主原料の固形ワックスと顔料に、液体油などを足してみた。すると「べったり」と塗れる上、粉末の顔料を固めたパステルのように色鮮やかで、画面上で混色ができるものが完成。クレヨンとパステルの長所を併せ持つことから「クレパス」と名付け、全国の学校で実演すると爆発的な売り上げを記録した。

もともと教師だった佐武は、子どもたちに、伸び伸びと絵を描かせたい、という思いが強かった。その姿勢は、後代にも受け継がれる。戦後間もない昭和二十年代に全国を走った「クレパス号」は、景勝地で子どもに写生を楽しませるためのツアー列車だった。毎回抽選が行われる人気の高さの陰で、サクラクレパスが費用のほとんどを受け持った。

製法は当時から変わらない。生命線の原料の配合は、熟練工の勘が頼りだ。鮮やかな発色には、海外の美術教育者たちも感嘆する。ほとんどが教材として、子どもたちの手に渡る。担当者は「使い心地がいい、とよく言われます。子どもの反応は特に敏感です」と語った。

COLLECTION 56

美容・健康・ファッション

間違い探し

ロゼット洗顔パスタ

Q

上下のイラストで異なるところを8ヵ所見つけて下さい。

ロゼット洗顔パスタ 間違い探し 答え

漫画広告で一時代築く

「あなたって白い肌ね」と色黒の「黒子さん」が話しかけると、色白の「白子さん」が「じゃ、私のようにロゼット洗顔パスタを使ったら？」とアドバイス――。六十代以上の方の中には、そんなモノクロの漫画広告をご記憶の方も多いのでは。

ロゼット社（品川区）の文字通り看板商品であるロゼット洗顔パスタ。パスタとは「粉を練り込み、ペースト状にしたもの」。固形石鹸しかなかった時代に、日本初のクリーム状洗顔料として誕生した。

発売は昭和四（一九二九）年。温泉の多い大分県出身の創業者・原敏三郎氏が「温泉に入ると肌がスベスベになる」ことに着目して開発した、硫黄入りの洗顔料だ。当初の商品名は「レオン洗顔クリーム」だったが、戦後改称。ピーク時の四十年代には、年間売り上げが六百万個を超える大ヒット商品となった。

その成功を支えたのが、先駆的だった宣伝販売戦略だ。三十～四十年代、新聞や雑誌、テレビに漫画広告を大量出稿。白子さんは原氏の奥さん、黒子さんはめいがモデルで、社員が描いていたという。温泉旅行にスキー、ヨットと活発だった白子さんたちのライフスタイルは、現代OL像のはしりだとも言われていた。

しかし時代は変わり、多様化する価値観に合わせて同社は「白子さん」「黒子さん」の名前を封印した。

もともと「ニキビを解消できる、肌にやさしい洗顔料を作りたい」と開発されたロゼット洗顔パスタイオウシリーズは、今も「思春期ニキビ・肌荒れ」「大人ニキビ・肌荒れ」に加え、「透明感のなさ」や「毛穴」など、肌悩みのタイプ別に商品をそろえる。洗顔料を押し出して使う独特の円筒型容器が特長。チューブ型容器のロゼット洗顔パスタクレイシリーズは、現在はSNSなどを中心に若者からも支持を得ているという。

COLLECTION 57
美容・健康・ファッション

バイタリス

Q1

液体整髪料「バイタリス」が日本で大ヒットする
火付け役となった、昭和40（1965）年ごろに
流行した男性の髪型を何というでしょうか？
次の選択肢から一つ選んでください。

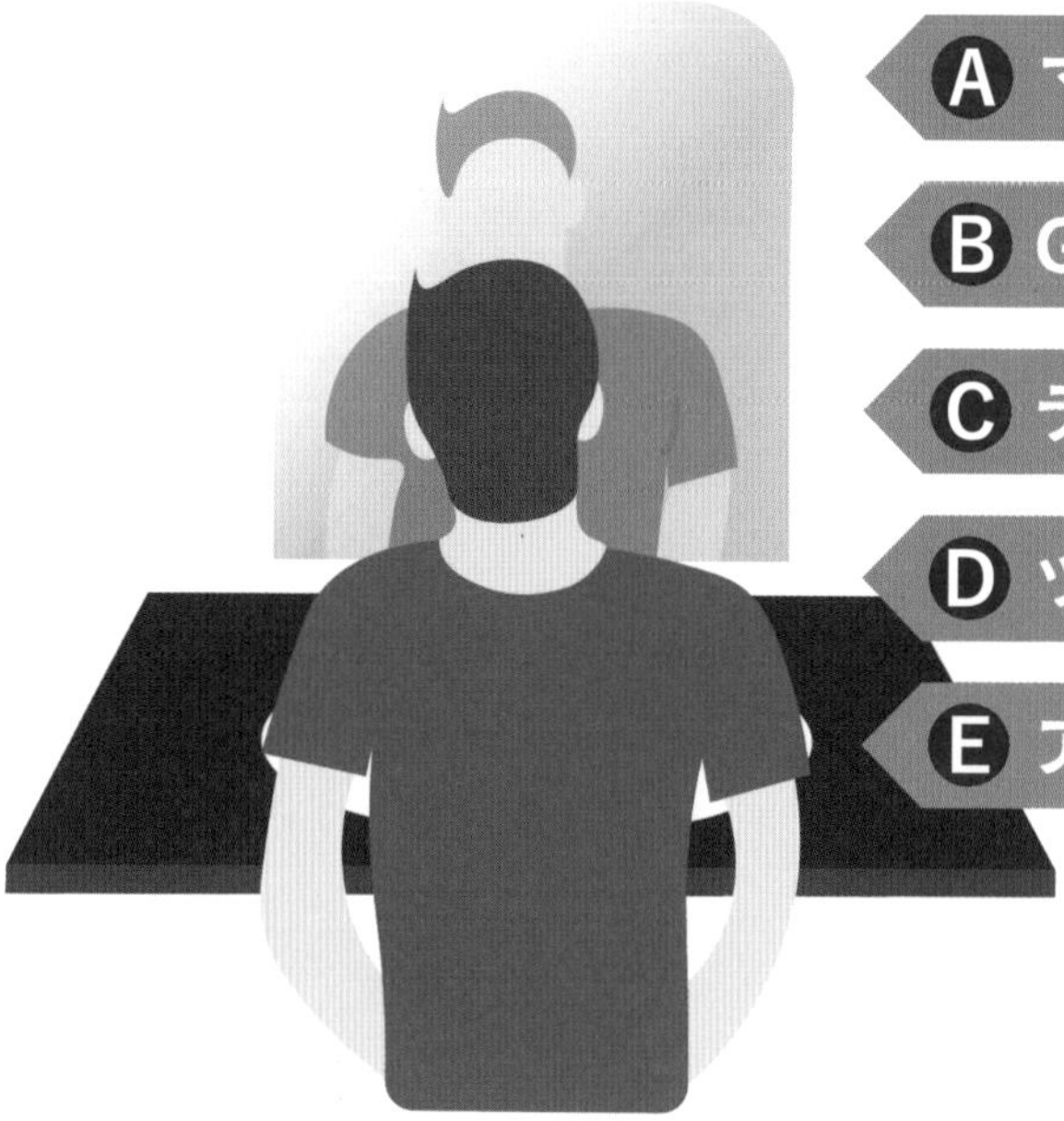

A マッシュルームカット
B GIカット
C テクノカット
D ツーブロック
E アイビーカット

Q2

バイタリスが単独提供していた
ラジオ番組「バイタリス・フォーク・ビレッジ」の
パーソナリティーを務めたことのある
フォークシンガーは誰でしょうか？
次の選択肢から一つ選んでください。

A 井上陽水
B 中島みゆき
C 吉田拓郎
D 小椋佳

バイタリス クイズ 答え

Q1 E

アイビーカットとは、七三に分けたショートヘアで、前髪を上げて固めるヘアスタイルです。1950年代のアメリカの学生たちの間では、このヘアスタイルに加え、ボタンダウンシャツ、三つボタンのブレザー、コットンパンツ、ローファーを着用するアイビールックが流行していました。日本の若者にもこのスタイルが流行した際、バイタリスはベトつかない整髪料としてアイビーカットのセットに適しており、大ヒットしました。

Q2 C

昭和41（1966）年から放送が始まった「バイタリス・フォーク・ビレッジ」は、数々のフォークシンガーとヒット曲を誕生させた、フォーク音楽界の登竜門的番組でした。毎回アマチュアのフォークシンガーをゲストに呼び、歌唱を披露するだけでなく、オリジナルソングを作らせて歌手を育てていました。番組出身の代表的なアーティストとして、森山良子や泉谷しげるなどがいます。

初代パーソナリティ―はジミー時田で、広川あけみ、佐良直美を経た後、昭和46（1971）年10月から約一年半の間、吉田拓郎が四代目パーソナリティーを務めました。

髪形の多様化 切り開く

一九六四（昭和三十九）年の夏、銀座の街角に登場した「みゆき族」。米国から取り入れられた斬新なスタイルは、たちまち若者の流行となった。「VAN」の袋を抱えた彼らの髪形は、短髪を自然に整えた「アイビーカット」だった。定番の整髪料はバイタリス。一年前にライオン（当時は墨田区、現在は台東区）が、米ブリストル・マイヤーズ社と提携して発売したヘアリキッド（液体整髪料）だ。

同社初の男性化粧品。米国でシェア一位との触れ込みだったが、発売前の受け入れ調査では「セット力が弱い」と不評だった。当時の男性の髪形はリーゼントやオールバックが主流。硬く太い髪質の日本人には、ポマードなどで固めるスタイルが向いていた。液体状のバイタリスが作る「風になびく」髪形は受け入れられないのでは、という見方も出た。

それでも発売に踏み切った決め手は、上野・アメ横での光景だった。米国帰りの若者たちが、直輸入のバイタリスをわざわざ買いに来ていた。変革のきざしを読み取ると、ほどなくブームが到来した。髪がてからず、べたつかないことも好評で、予想をはるかに上回る人気を呼んだ。後発の類似品も数多く出た。六六年から放送されたラジオ提供番組「バイタリス・フォーク・ビレッジ」などのPR効果もあった。

「倍々のペース」で出荷量が増え、発売開始から六年後の六八年には総計で三十億個を超えた。

自らが切り開いた男性の髪形の多様化は、さらに進み、さまざまな種類の整髪料が登場。主役の座はムースなど後進に譲ったが、今も根強い人気を保つ。

登場時から使い続ける人も多い。「使うこと自体が格好よかったとか、子ども時代の憧れだった、という声も聞きます」と、担当者は語る。

COLLECTION 58

美容・健康・ファッション

ソックタッチ

Q1

「白元」(現：白元アース) の「ソックタッチ」が登場した昭和47 (1972) 年ごろ、横浜・元町を発祥とする、ポロシャツとミニスカート、ハイソックスをあわせたファッションスタイルがはやりました。

さて、このファッションのことを何というでしょうか？

A ニュートラディショナル

B アイビールック

C アンノン族

D 横浜トラディショナル

Q2

販売当初、「ソックタッチ」の容器にはイラストは描かれていませんでしたが、あとから3種類のスポーツをする女の子のイラストが描かれたデザインも販売されるようになりました。

さて、その3種類のスポーツは何だったでしょうか？

A バレーボール・バドミントン・陸上

B ソフトボール・チアリーディング・ハンドボール

C 卓球・テニス・スキー

D テニス・バスケットボール・ローラースケート

ソックタッチ クイズ 答え

Q1 D

通称“ハマトラ”と呼ばれ、横浜から全国へとこのファッションは広まっていきました。当時、ハマトラに限らず、ミニスカートにハイソックスのスタイルは大流行中。ハイソックスのたるみをなくす「ソックタッチ」は、“ナウな”女性たちに歓迎され、1000万本も売れた年があったそうです。ブームが去った昭和50年代半ば、ソックタッチは生産中止となりますが、約15年後のルーズソックスの流行を受けて再びブームとなりました。

Q2 D

白いソックタッチしか知らない人には異なるデザインがあったことは意外だったかもしれません。

キャップの色は3種類あり、スポーツをする女の子が描かれていました。

緑色はバスケットボールを脇に抱えたイラストで、水色はテニスをしているイラストで、ピンクはローラースケートを履いたイラストでした。

また、イラストではなくチェック柄の容器などもあったようで、平成時代に再販されたときのカラフルな青・ピンク・黄色のルーツを見ることができます。

再ヒット 女子中高生の定番に

液体靴下止め、ソックタッチは浮き沈みの激しい商品だった。大ヒットから一転して販売不振で生産中止に追い込まれたが、再びヒット。製造元、白元（二〇一〇年取材時。現在は白元アース）の製品開発担当者によると「女子中高生のスクールソックスとして認知されてからは、安定期に入っている」という。

商品開発のきっかけは、白元創業者の鎌田泉さん（故人）が高校生の孫娘に「靴下がずり落ちて困る」と言われたことだという。一九七二（昭和四十七）年の発売後、英モデルのツイッギーが巻き起こしたミニスカートブームと歩調を合わすように若い女性を中心にハイソックスが流行。ソックタッチは発売四年後に年間売り上げ一千万本を記録した。

しかし、ブームが去るとスカートの丈も長くなっていった。靴下も足首付近で折り返す「三つ折りソックス」が主流になり、靴下を止める必要はなくなった。そのため売り上げは激減、八三年に生産が中止となった。

九〇年代初め、今度は女子中高生が制服のスカート丈を短くするのがはやり出した。あわせて、長くて緩い靴下をひざ近くまで上げてはき、脚を長く見せるスタイルが流行した。ルーズソックスの登場だ。

ルーズソックスは止めないとすぐずり落ちるため、再びソックタッチが脚光を浴びた。ティーン誌で紹介されると注文が殺到し、在庫がなくなったため九三年、十年ぶりに生産を再開した。

「二回目のブームを支えた女子生徒の母親は、最初のブームで消費者だった世代。母から娘に『こんなのあったよ』という会話もあったのかもしれません」と担当者。再ブームではピーク時の九六年に八百三十万本を売り上げた。二〇一四年に白元はアース製薬の傘下に入り、ソックタッチは今でも定番商品となっている。

COLLECTION 59

美容・健康・ファッション

Q

間違い探し

ヴァンヂャケット

上下のイラストで異なるところを8カ所見つけて下さい。

ヴァン
ヂャケット
間違い探し
答え

アイビールックで〝飛躍〟

一九六四（昭和三十九）年の銀座・みゆき通り。金ボタンのブレザーに、ボタンダウンのシャツを着込み、「VAN」のロゴ入り紙袋を手にしたオシャレな若者であふれた。ひと夏の社会現象となった彼ら「みゆき族」の定番ファッションこそが「アイビールック」だった。

「アメリカの優秀な学生はこんな服装だ」。米東海岸のハーバードなど八大学が所属するアイビーリーグの学生たちの服装をモデルに、アイビールックを売り出したのが、ヴァンヂャケット社の創業者で、メンズファッションの神様と呼ばれた石津謙介さん（故人）だ。

だが、謙介氏の長男、祥介さんが内情を明かした。「向こうにアイビールックなんて言葉はないし、学生も大人も着ていた。要はアメリカのカジュアルウェアなんです」

日本では男性ファッションが未成熟な時代。みゆき族の出現に加え、同じ年に創刊された男性週刊誌『平凡パンチ』がアイビールックの特集を組むと、全国の若者たちの心をつかんだ。

謙介さんは、「トレーナー」の名付け親でもある。米国ではスウェットシャツだが「汗のシャツはオシャレじゃない」。謙介さんは大好きなボクシングのトレーナーが着ていることからこう名付け、定着させた。

一時代を築いたヴァンヂャケット社は七八年に倒産したが、社員OBらによって再建された。謙介氏が戦後まもなく創業した石津商店から数えると七十年を超えた。そして今なお、往時を知るオールドファンにとどまらない人気がある。

ところが、謙介さん自身は普段、アイビールックを着なかった。祥介さんが父親のこんな言葉を教えてくれた。「アイビールックはファッションの入門書だろ。なんでプロのおれが入門書なんだ」

COLLECTION 60
美容・健康・ファッション

ヘチマコロン

Q1

ヘチマコロンのキャッチコピーは
「日本の〇〇派化粧品」です。
〇〇に入る言葉はどれでしょうか？

A 自然

B 植物

C 個性

Q2

ヘチマコロンはある乗り物を利用した
独自の方法で商品の宣伝を行い、
大きな評判を得ることができました。
その乗り物とは、次のうちどれでしょうか？

A
タクシー

B
飛行船

C
自転車

D
馬車

ヘチマコロン クイズ 答え

Q1 B

　ヘチマは美容成分を含む植物で、その茎から採取するヘチマ水は、室町時代に化粧水として使われ始めた、との説があるそうです。江戸時代には、民間伝承の手ごろな化粧品として庶民に普及していきました。

　明治から大正にかけて化粧品市場が発展する中、新たな本格化粧品「ヘチマコロン」が発売されました。現在でも、ロングセラー化粧品の代表として多くの人に愛用されています。

Q2 A

　昭和の初期、ヘチマコロンは商品の宣伝として商品名を冠した「ヘチマコロンタクシー」を東京銀座で走らせました。

　タクシーは高級車をそろえ、運転手の服装はまるで一流ホテルのボーイのよう。車内の清掃をこまめに行い、花を添えて香水を振りかけて快適さを演出するなどこだわりを持っていました。

　新聞広告では「淑女の専用車」とうたい、なるべく女性客を乗せるようにしたそうです。「お忘れ物は分かり次第、お届けします」といったアフターサービスなども行い、女性の心をうまくつかみました。わずか3カ月の営業期間でしたが、商品の宣伝としては大成功でした。

美肌の友　天然素材で人気

　ヘチマは熱帯アジア原産のウリ科の植物。日本では江戸時代から茎の切り口から集めるヘチマ水が、せき止めや利尿剤、美肌水などに使われてきた。そのヘチマ水を使用した保湿効果の高い化粧水として、一九一五（大正四）年に登場したのがヘチマコロンだ。

　女性の社会進出が盛んになった時期にも重なり、人気を呼んだ。ヘチマとオーデコロンをかけあわせた印象的なネーミングはもとより、美人画で知られる画家の竹久夢二が絵からコピーまで手がけた広告や、製品名を大書したタクシーを銀座に走らせるといった宣伝の効果もあり、昭和に入ってからも定番の化粧水として親しまれた。

　第二次世界大戦後、それまで販売を行ってきた天野源七商店から、現在のヘチマコロン（千代田区）が業務を引き継いだ。高度経済成長期になると、女性用化粧品の多様化などもあり苦戦の時期が続いたが、伝統を重んじ、天然のヘチマを使い続けた。風向きが変わったのは八〇年代に入ってから。「自然志向」が女性を中心に広がり、雑誌などで紹介されると、人気が再燃した。八四年には前年比で四倍の売り上げを記録して話題にもなった。「当時は常に在庫切れ状態でした」と社長の中島守和さんは振り返る。その後も、初期のデザインを再現した瓶に詰めたタイプを発売するなどしながら一定の売り上げを保ってきている。

　契約農家のヘチマから採取したヘチマ水を精製、除菌してから冷凍保存し、安定した製品供給を行う。他成分の配合を抑えて、天然のヘチマ水が持つ「しっとり感」を守り続ける。年配層の他、ティーンエイジャーの愛用者も多い。「お母さんが娘さんに『初めての化粧品』としてすすめるケースも多いようです」と担当者は言う。

思い出のしずく　心の栄養に

――東京新聞（中日新聞東京本社）編集委員・稲熊　均

この本を出す企画が動き始めた2023年1月、一つの老舗企業が歴史に幕を閉じました。佐久間製菓です。「サクマ式ドロップス」といえば、多くの人がフルーツの甘酸っぱい味を思い出すはずです。本書でも取り上げました。そこでも触れられていますが、この商品の存在感を高めたのがアニメ映画「火垂るの墓」です。

戦火の中を生き抜こうとする兄妹を描いたこの作品でサクマ式ドロップスは重要な小道具として登場します。幼い妹節子はドロップを口にすると、空襲で死んだ母との温かなひとときが脳裏に蘇ります。飢えで衰弱する節子に兄清太は、缶に入れたおはじきを取り出し節子の口に含ませました。なくなったドロップの代わりです。「おにいちゃん、おおきに」。一言を残し節子は目を閉じます。切なく

哀しい物語ですが、ドロップが導いた幸せの記憶とともに節子が旅立ったのであれば……。そんな思いを抱かせます。

本書の「あとがき」を書くに当たって、「サクマ式ドロップス」に思いが至ったのにはわけがあります。東京新聞の都内版で週一回連載された「昭和モノ語り～街のロングセラー」が本書のベースです。2008年10月から12年8月まで続いたこの企画の初回が「サクマ式……」でした。新聞の連載では最初に登場させる題材がきわめて重要です。この企画は平成が二〇年目を迎えるなか、身近で生き続ける「昭和」のモノ（商品）を紹介し、読者の皆さん個々に宿る思い出を懐かしんでもらおうと始めました。私は企画の責任者だったのですが、当時、すでに死語に近かった「ドロップ」という言葉にはレトロのみならず、ある種のメッセージ性も感じていました。

飴としての「ドロップ」の語源は、形が雨の滴《しずく》（英語でドロップ）に似ていることに由来します。幼いころ、若いころの思い出も滴のようなものだなとも感じました。普段は脳裏の片隅で、見えないほど

小さな姿で宿っている。その一つ一つがさまざまな色をした滴だとすれば、ひとたび水面《みなも》に落ちれば、一瞬にして淡い色となって広がる。思い出が脳裏いっぱいに広がるようにです。

連載終了から10年がたち、「本に出来ないか」と提案してくれたのは、かつて愛読していたという編集プロデューサーの織田直幸さんです。既に平成も過ぎ去り、昭和はより遠い記憶の時代となりました。「だからこそ、より愛おしさを感じる人も多い」と織田さんは言います。クイズとして楽しみ、コラムも読みながら、多くの人が知る身近なモノを通して、昭和のあの頃に浸ってほしい。思い出の滴は脳裏に広がり細胞を活性化させ、心の栄養にもなります。

コラム筆者のフリーライター服部夏生さんは、連載でも大半を書いてくれました。新聞での掲載から長い年月が経っており、確認や修正に多くの手間がかかりましたが、快く再執筆していただき、深く感謝しております。この本が読んだ方々にとって「脳トレ」となり「心のサプリメント」にもなったのであれば幸いです。

●編集制作
織田直幸
（株式会社ワン・トゥー・ワン）
小野寺隆之
吉村次郎
古田祥一朗
六川未夏

●カバーデザイン／本文デザイン
岩中伸二
布施信二
永井恵
三上里奈
（株式会社ハーブ・スタジオ）

●イラスト
鏡智央

●企画協力
桐咲剣

服部夏生（はっとりなつお）

1973年愛知県名古屋市生まれ。東北大学文学部卒業後、96年より出版社勤務。月刊誌やムック本などの編集長を兼任したのち独立。「編集者＆ライター、ときどき作家」として、伝統工芸からアウトドア料理まで幅広くいいものと、その担い手たちを紹介する。著作に『打刃物職人 手道具を産み出す鉄の匠たち』（ワールドフォトプレス）、『日本刀 神が宿る武器』（共著、日経BP）、編集に『千代鶴是秀 日本の手道具文化を体現する鍛冶の作品と生涯』（ワールドフォトプレス）、『相克のイデア マツダよ、これからどこへ行く』（日経BP）など多数。

昭和レトロ
モノ語りクイズ

2023年7月31日　第1刷発行

著　者　文・服部夏生　クイズ・東京新聞
発行者　岩岡千景
発行所　東京新聞
〒100-8505　東京都千代田区内幸町2-1-4
中日新聞東京本社
電話［編集］03-6910-2521
　　［営業］03-6910-2527
FAX　03-3595-4831
印刷・製本　株式会社シナノ パブリッシング プレス
ISBN978-4-8083-1087-5 C0076